Deutschland, deine Chefs: Wo der Wahnsinn tobt

GERDA GREBMOV UND PAUL BÖGEHOLZ

Deutschland, deine Chefs: Wo der Wahnsinn tobt

20 wahre Geschichten, die Sie nicht glauben werden –
oder jeden Tag selbst erleben

Bibliografische Information der Deutschen Nationalbibliothek:
Die Deutsche Nationalbibliothek verzeichnet diese Publikation
in der Deutschen Nationalbibliografie; detaillierte bibliografische
Daten sind im Internet über https://portal.dnb.de/ abrufbar.

© 2022 Gerda Grebmov und Paul Bögeholz
Satz, Umschlaggestaltung, Herstellung und Verlag:
BoD – Books on Demand, Norderstedt

ISBN: 978-3-7562-5537-5

Inhalt

Es gibt sie wirklich. Und es gibt sie überall.

(Frank Dräger)

Vorwort

Geschäftsführer, die mit einer XXL-Portion Hybris und Ahnungslosigkeit ganze Belegschaften in den Wahnsinn treiben. Mitarbeitende, die unverhohlen aufgefordert werden selbst zu kündigen, weil sie unsympathisch sind. Vorstände, die Unternehmen für 100 Millionen € zukaufen, ohne die Eigentümer zu informieren: Solche schier unglaublichen Anekdoten mussten wir, ein Finanzmanager und eine HR-Leiterin, selbst erleben. Nach einer Unterhaltung über unsere abenteuerlichsten Erlebnisse war die Idee zu diesem Buch geboren.

Wir stellten fest, dass die Verantwortlichen in erster Linie schwache, unfähige, überforderte und schlecht ausgebildete Chefinnen und Chefs sind, die in Deutschland mehr oder weniger in allen Unternehmen ihr Unwesen treiben. Sie irrlichtern durch die Firmen und halten im besten Fall ihre Mitarbeitenden »nur« von der Arbeit ab. Oder schlimmer: treiben sie wahlweise in die innere Isolation, in Krankheit oder in die Kündigung.

Das hat Konsequenzen für die Wirtschaft und die beteiligten Menschen. Neben vielen unglücklichen Arbeitnehmenden, die sich in ihr Wochenende, den Urlaub oder die Rente retten, wird der Schaden für die Gesamtwirtschaft Deutschlands auf jährlich über 100 Milliarden Euro beziffert.[1] Schlechte Führung vernichtet also Werte in Unternehmen, und zwar messbar. Von einem ›nice to have‹-Faktor kann damit nicht die Rede sein.

Unabhängig von der konkreten Höhe des Schadens erscheint eine Feststellung jedenfalls unstrittig: Wenn es mit der Führungskraft als wichtigster täglicher Bezugsperson außerhalb der Familie nicht ›richtig klappt‹, dann bleibt das nicht ohne Folgen. Die These Reinhard K. Sprengers, »Mitarbeiter kommen zum Unternehmen, aber sie verlassen ihre Führungskraft«, bestätigt sich tausendfach, täglich.

Bei aller Dringlichkeit und Ernsthaftigkeit dieses Themas ist es nicht unser Anspruch, eine weitere ausgefeilte wissenschaftliche Ab-

---

1 Gallup-Studie: Erwartungen an Führungskräfte & Führungsverhalten (wiwo. de) Engagement Index Deutschland 2021 (gallup.com)

handlung darüber zu schreiben. Hierzu gibt es viel und vor allem auch viel Gutes. Wir möchten Sie stattdessen an Geschichten teilhaben lassen, die wir so allesamt selbst erlebt haben – oder genauer: erleben mussten. In der Retrospektive und mit gebührendem Abstand sind diese Geschichten überwiegend so beschaffen, dass sich beim Lesen vielleicht das eine oder andere Schmunzeln einstellen wird. Ganz anders war allerdings unser persönliches Erleben, als diese Geschichten passierten und wir mittendrin waren. Doch Zeit heilt ja bekanntlich alle Wunden. Und jede Situation mag noch so furchtbar gewesen sein – und das werden Sie lesen –, als schlechtes Beispiel kann sie immer noch dienen. Wir haben aus dem Erlebten gelernt, sind daran gewachsen und hoffentlich selbst bessere Führungskräfte geworden. Und dies haben wir ausgerechnet jenen zwanzig Chefs zu verdanken, die wir in diesem Buch vorstellen. Auch wenn viele dabei nicht wirklich gut wegkommen, weil sie waren oder auch immer noch sind, wie sie eben sind. Es waren einige unangenehme Begegnungen dabei, die keinesfalls nach Wiederholung rufen. Trotzdem haben sie uns bereichert und am Ende dieses Buch erst ermöglicht. Dafür ganz aufrichtig: danke!

Wir glauben zudem, dass unsere Erlebnisse keine Einzelfälle sind, sondern bestimmte Typen von Führungskräften vorstellen, die es so oder so ähnlich in vielen Unternehmen gibt. Deshalb haben wir für ›unsere‹ Chefs entsprechende Namen und Bezeichnungen gewählt, die Ihnen bereits ein erstes Indiz dafür geben, wen Sie nun vor sich haben werden. Dabei haben wir die Personen, die uns als Frau begegneten, auch in der weiblichen Form beschrieben. Bei den Männern sind wir entsprechend verfahren. Natürlich ist der Führungstypus unabhängig vom Geschlecht.

Jedes der zwanzig Kapitel folgt der gleichen Struktur: Nach der eigentlichen Geschichte analysieren wir die typischen Verhaltensmuster und geben Lesenden, die sich in der jeweiligen Führungskraft wiedererkennen, Impulse zur Selbstreflexion. Schließlich richten wir uns an die Mitarbeitenden mit konkreten Tipps zu Verhaltensweisen, die im Umgang mit diesem Typ Chef oder Chefin das Leben hoffentlich ein Stück leichter machen. Insofern richtet sich dieses Buch an alle, die im Arbeitsleben stehen.

Sollten Sie als Lesende zwischendurch einmal denken: »Das kann doch gar nicht sein«, oder: »Das macht doch niemand«, dann seien Sie versichert: Doch, genau so war es, und ja, wir haben nicht einmal alles preisgegeben. Zum Beispiel haben wir gänzlich auf die Thematisierung sexueller Eskapaden und ebenso auf Vorkommnisse verzichtet, die sich außerhalb der beruflichen Tätigkeit zugetragen haben. Wir meinen, es reicht auch so. Ganz sicher sogar.

Teil 1: Die Normal-Verrückten

Die Selbstüberschätzerin

Die Geschichte

Die Selbstüberschätzerin wurde Bereichsleiterin einer großen Stabsabteilung in einem Konzern. Eine althergebrachte, männerdominierte Industrie und streng hierarchisch organisiert. Ihre neue Abteilung war direkt einem Vorstand unterstellt, sodass die Selbstüberschätzerin den Status einer Bereichsleiterin und Direktorin erhielt, was die höchste Weihe war, die man bzw. frau außerhalb des Vorstands erhalten konnte.

Tendenziell hatte sich der Konzern viele Jahre lang schwer damit getan, Frauen in hohen Führungspositionen einzusetzen. Eine der ersten exponierten Positionen, die mit einer Frau besetzt wurden, war die Stelle, um die es hier geht. Bereits die vorherige Stelleninhaberin war eine Frau gewesen. Die hatte den Job aus Sicht des Vorstands – und auch vieler anderer Angestellten – hervorragend erledigt, sodass sie in die Geschäftsführung einer großen Tochtergesellschaft befördert worden war. Sie selbst hatte die Selbstüberschätzerin als Nachfolgerin empfohlen, da diese früher in ihrem Team gearbeitet hatte und mittlerweile eine kleinere Abteilung in einer weiteren Beteiligungsgesellschaft des Konzerns führte.

Der Vorstand vertraute der bisherigen Bereichsleiterin und so gelangte die Selbstüberschätzerin auf die begehrte Position. Damit war für die neue Direktorin die Aufgabe verbunden, zusätzlich zu ihrer neuen Abteilung ihr altes Team weiterzuführen und die Teams zu integrieren. Der frühere Standort lag 300 km entfernt vom Headquarter des Konzerns, sodass die Selbstüberschätzerin zwischen ihrem dortigen Wohnort und dem Headquarter pendelte und die Wochenanfänge und manchmal die Wochenausklänge in der alten Heimat verbrachte.

Das neue Team war gespannt. Die neue Leiterin gab sich locker, erzählte auch persönliche Dinge über sich und versuchte mit dem neuen Team warm zu werden – von Dienstag bis Donnerstag. Sie kam mit zum Mittagessen in die Kantine und betrieb mit viel Enthusiasmus Smalltalk. Am liebsten erzählte sie von ihrem alten Team:

»Also wissen Sie, der Torsten, der Oliver und ich – wir waren echt ein super Team, wir haben uns alles erzählt! Mittags haben wir oft zwei- bis dreimal die Woche bei mir im Büro gesessen, und auch wenn der Oliver immer seine privaten Probleme hatte, erzählte er mir das natürlich alles. Mann, waren wir toll zusammen.« – »Schön, wenn man so eng miteinander ist!«, antwortete die neue Mitarbeiterin am Kantinentisch und war ansonsten sprachlos. Das waren eine Menge Informationen. Die neue Chefin war offensichtlich mit dem alten Team per Du, was erklärte, dass die Mitglieder des alten Teams immer nach ›der Michaela‹ fragten, wenn sie anriefen, und nicht nach der Frau X. Tja, und der jetzige Teamkollege Oliver hatte wohl ein paar schwerwiegende persönliche Probleme, wie aus der Schilderung deutlich wurde. Nur dass diese im Headquarter bisher niemand gekannt hatte und es ihm bestimmt unangenehm gewesen wäre, hätte er gewusst, wie ausgiebig darüber erzählt wurde.

Die Selbstüberschätzerin musste sich in ihren Job einarbeiten und hatte dabei ein stattliches Arbeitspensum zu bewältigen. Es war nicht fachliche Tiefe, die hier gefordert war, sondern die Fähigkeit, eine Vielzahl ganz unterschiedlicher Fachthemen zu jonglieren und dabei als Generalistin mit dem Blick top down zu arbeiten.

Es blieb unklar, wie sich die Selbstüberschätzerin der Aufgabe stellen wollte. Ihre neuen Mitarbeitenden beschafften sich Gesprächstermine und berichteten von den Themen, die sie für erwähnenswert hielten oder zu denen sie Rat brauchten. Sie kamen mit Lösungsvorschlägen oder mit konkreten Fragen. Dabei zeigte die Selbstüberschätzerin in der Regel die Bereitschaft, zuzuhören und insbesondere auch Lösungsvorschläge der Mitarbeitenden zu akzeptieren. Das kam gut an. Ihre fachlichen Einlassungen zu den Themen muteten oft etwas seltsam oder gar falsch an, aber das schoben alle auf die hohe Themendichte und die Einarbeitungsphase.

Das Team hatte in der Folgezeit zwei oder drei Abgänge zu verzeichnen, die aber normales Geschäft waren. Sie gaben der Selbstüberschätzerin die Möglichkeit, die Stellen neu zu besetzen. Das Team wartete gespannt. Der Zusammenhalt war immer gut gewesen, es gab eher wenig Fluktuation, viele arbeiteten schon zehn oder mehr Jahre zusammen. Die Selbstüberschätzerin überraschte mit ihrer Wahl. Sie stellte drei junge Männer ein, die zwar gute Hochschulabschlüsse vorweisen konnten, denen aber die Berufserfahrung fehlte, um in dieser Abteilung etwas zu bewegen. Die jungen Männer mühten sich redlich und die Selbstüberschätzerin verbrachte viel Zeit mit den jungen Herren. Diese waren sichtlich geschmeichelt, nicht nur ihre erste Stelle in dem renommierten Unternehmen ergattert zu haben, sondern sogar eine Intensiv-Einarbeitung von der Chefin persönlich zu erhalten. Und die Selbstüberschätzerin strahlte stets mit ›ihren Jungs‹ um die Wette, wenn man sie zusammensitzen sah.

Das Interesse unserer Selbstüberschätzerin an der Kernmannschaft schwand. In Abstimmungsgesprächen ließ sie ihre Mitarbeitenden berichten, allerdings ohne viele inhaltliche Beiträge zu leisten. »Wissen Sie was, bearbeiten Sie das Thema einfach so weiter und stimmen alles mit den anderen Abteilungen ab. Von mir ist das schon freigegeben.« Das war ein Satz, den man so oder ähnlich häufig von der Chefin hörte. »Wie sollen wir uns bezüglich der Bewertungsproblematik verhalten? Welchen Lösungsweg gehen wir? A oder B?«, fragte eine Mitarbeiterin zu einem bestimmten Thema. »Sie können das entscheiden.« – »Aber ich bin mir etwas unsicher!« – »Ich überlasse es Ihnen, ich vertraue Ihnen.«

Die Mitarbeiterin ging unzufrieden in ihr Büro zurück. Sie hatte ein Problem gehabt und brauchte den Rat ihrer Chefin, die sie einfach zurückgeschickt hatte. Das war wenig hilfreich. Ihr Kollege im Nachbarbüro hatte so etwas Ähnliches auch schon mehr als einmal erlebt.

Dafür nahm sich die Chefin weiterhin viel Zeit für die neuen Mitarbeiter. Öfter ging sie mit diesen geschlossen oder einzeln zum Mittagessen, was für ihre Abteilung ein Tabu war. Die bewährten Mitarbeitenden fühlten sich ausgegrenzt und abgeschoben. Mehr und mehr sinnentleert wurden auch die Abteilungsbesprechungen. Alle Teilnehmenden brachten fast immer ein größeres oder kleineres Thema mit, das sie gerne diskutieren wollten. Die Chefin tat sich allerdings schwer und es schien immer mal wieder durch, dass sie fachlich schwach war und nicht immer folgen konnte. Dafür erzählte sie gern und ausschweifend Privates, vom Wochenende, von ihrer Schulzeit in Japan, den USA und England, von ihrem Mann, der angeblich ›alles‹ für sie tun würde, und von ihren zwei großen Hunden. Einmal hinkte sie etwas und erzählte dann plötzlich während der Sitzung von einem Fersensporn. Unangenehmerweise ließ sie es aber nicht bei der Schilderung des Vorfalls bewenden, sondern zog ohne Ankündigung plötzlich Schuh und Strumpf aus und präsentierte der peinlich berührten Mannschaft, die nicht recht wusste, wohin sie nun schauen sollte, den lädierten Fuß. Und überhaupt, die Hunde: Die seien ja in dieser Woche beim Hundesitter untergebracht, der einen Betrag von 2.000 € im Monat dafür verlange. Na ja, sprach sie zu ihrem Team, sie habe schließlich eine Gehaltserhöhung bekommen und somit sei das kein Problem. Die Mitarbeitenden waren stocksauer, da ansonsten alle Gehaltsanpassungen konjunkturbedingt eingefroren waren.

Der Vorgesetzte unserer Selbstüberschätzerin war Vorstandsmitglied des Konzerns und selbst noch neu in dieser Position. Er war unnahbar, schnell gereizt und teilweise cholerisch. Da er aus einer anderen Branche kam, fiel es auch ihm schwer, sich in die produktionstechnischen Spezifika des Konzerns einzufinden. Gespräche mit ihm waren unangenehm und die Mitarbeitenden waren froh, dass die Abteilungsleitung in den letzten Jahren üblicherweise diese Aufgabe übernommen hatte. Ausarbeitungen der Mitarbeitenden für den Vorstand wurden traditionsgemäß von der Führungskraft reviewt, verfeinert und fanden dann den Weg ins Gespräch zwischen Führungskraft und Vorstand.

Die Selbstüberschätzerin führte einen anderen Prozess ein. Mitarbeitende, die etwas für den Vorstand vorbereitet hatten, sprachen ihr Paper zwar kurz mit der Selbstüberschätzerin ab, diese schaute aber stets nur oberflächlich auf die Unterlage und schickte das Teammitglied dann in die Höhle des Löwen. Natürlich musste es dabei früher oder später zu einem Eklat kommen. Einer der frisch eingestellten Mitarbeiter, der mit einem Chart beim Vorstand vorsprechen sollte, kam total bleich wieder zurück und erzählte mit Schweißperlen auf der Stirn, dass er gerade die Standpauke seines

Lebens erhalten, das aufgezeigte Problem schlichtweg nicht gesehen habe und sich mehrere Minuten lang habe anbrüllen lassen müssen. Überhaupt kein schöner Tag für den jungen Mitarbeiter. Minuten später kam die Selbstüberschätzerin den Flur entlang und fand ein Häufchen Elend im Büro eines Kollegen sitzend. Sie erklärte den Anwesenden, dass ihr Vorgesetzter sie gerade angerufen und mehrfach verlangt habe, dass der junge Mitarbeiter, der so schlecht vorbereitet seine Zeit gestohlen habe, nun umgehend gefeuert werden müsse. Und zwar pronto.

»Ich werde das für Sie wieder hinbiegen und Sie aus dieser Situation herausholen, die Sie sich eingebrockt haben. Da hänge ich mich rein für Sie! Das klappt bestimmt.« Mit diesen Worten verließ die Selbstüberschätzerin das Büro und verschwand. Allerdings nicht in die Richtung des Vorstandsflurs.

Natürlich behielt der junge Mann seine Stelle, aber er hatte den Spaß an der Arbeit verloren. Von seiner Chefin hörte er nie, ob sie das Thema noch einmal angesprochen hatte, aber er glaubte ohnehin nicht daran. Ähnliche Missgeschicke passierten immer mal wieder. Auch in wichtige Unterlagen schlichen sich manchmal Fehler ein, die dann in Vorstandssitzungen unangenehm auffielen und eine Kaskade der Wut auslösten. Diese erstreckten sich vom CEO, der ebenso für seine cholerischen Ausbrüche bekannt war, über das Vorstandsmitglied hin zu unserer Selbstüberschätzerin. Kritik an den Arbeitsergebnissen ihrer Abteilung lächelte sie weg oder schob sie auf die Mitarbeitenden, die – so erklärte sie sich – zur einen Hälfte jahrelang nicht gefordert worden und zur anderen Hälfte noch zu unerfahren seien und noch in der Lernphase steckten. Persönlich nahm sie Kritik daher nicht.

Sie befand sich in einer Wolke der Ahnungslosigkeit und war von ihrem eigenen Glück noch ganz verzaubert, wie sie auch den Mitarbeitenden gegenüber immer wieder zum Ausdruck brachte. Privat und beruflich lief es doch ausgezeichnet. Ihr Chef, das leicht cholerische Vorstandsmitglied, nahm sie mit zu allen wichtigen Gesprächen mit Konzerngesellschaften und externen Partnern und lud sie abends oft mal in teure Restaurants ein, was ihr sehr schmeichelte. In gemeinsamen Fachgesprächen mit Geschäftsführern der Konzerngesellschaften argumentierten die beiden ähnlich und zeigten damit nach außen und innen Verbundenheit. Die Selbstüberschätzerin hatte eine Technik entwickelt, in Gesprächen noch einmal die Aussagen ihres Chefs mit gleichem Inhalt, aber anderen Worten zu wiederholen und zu bestärken. Dabei ließen beide die fachliche Tiefe immer wieder vermissen und bissen sich in Ausarbeitungen eher an Rechtschreibfehlern fest. Viele Gesprächspartner und -partnerinnen schüttelten nach diesen Gesprächen den Kopf und belächelten das dynamische Duo.

So verlief das Firmenleben einige Zeit. Der junge Mitarbeiter, der das schockierende Erlebnis mit dem Vorstand hatte, war verbrannt und wurde von der Vorstandsetage ferngehalten. Die Anzahl der falschen Unterlagen wurde nicht kleiner, aber daraus resultierende Wutausbrüche konnte die Selbstüberschätzerin noch abfedern. Sie verbrachte weiterhin die Wochenanfänge an ihrer alten Wirkungsstätte und niemand konnte sich ernsthaft vorstellen, dass das wirklich notwendig war, da dort bisher noch nie wirklich etwas zu tun war.

Als nach einiger Zeit für den gesamten Konzern die Parole ausgegeben wurde, in den Verwaltungsbereichen Personal einzusparen, bangte die Kernmannschaft um ihre Jobs. In einer Abteilungsbesprechung wurde die Selbstüberschätzerin gefragt, ob auch in der eigenen Abteilung die Gefahr von Stellenabbau bestehe. »Na ja, das ist nicht auszuschließen, mal sehen, ob wir da drum herumkommen. Eigentlich sind wir ja gar nicht so viele. Jedenfalls ist es wichtig, dass wir die Außenstelle behalten, denn mein Team dort ist richtig gut. Da brauchen wir jeden Einzelnen. Der Rest findet sich schon irgendwie!« Die Mitarbeitenden konnten nichts erwidern, alle waren sprachlos. So abgewatscht worden war noch nie jemand aus dem Team. Die Unsicherheit für alle blieb einige Monate bestehen. Am Ende verlor niemand aus dem Team seinen Job. Vielmehr war es so, dass die Mitarbeitenden in der Außenstelle alle schon länger auf der Suche nach neuen Herausforderungen waren, denn dort war schlichtweg kaum etwas zu tun und die Arbeitstage waren seit Monaten furchtbar langweilig. Alle wurden schnell fündig und verließen den Konzern. So konnte der vorgegebene Personalabbau durch Eigenkündigungen erfüllt werden.

Eine Person verlor am Ende dann allerdings doch noch ihren Job: die Selbstüberschätzerin. Nach vielen kleinen und großen Fehlern in Vorstandsunterlagen platzte dem CEO irgendwann der Kragen und er ging seinen Vorstandskollegen massiv an, der diese fehlerhaften Unterlagen jedes Mal zu verantworten hatte. Dieser merkte, dass auch für ihn die Luft plötzlich sehr dünn wurde, und ging in die Offensive. Er klagte dem CEO sein Leid, dass er seit Monaten seiner Bereichsleiterin immer wieder Chancen gegeben habe, ihre Leistung endlich zu verbessern. Nun habe sich aber gezeigt, dass die Position wohl eine Nummer zu groß für die Dame sei. Da auch kein Bemühen sichtbar sei, werde er nun zum Äußersten greifen müssen und sich von dieser Führungskraft trennen. »Ich werde die Abteilung dann vorerst selbst leiten und endlich für Leistung sorgen.«

Der sich anschließende Trennungsprozess war unschön, weil der menschliche Anstand zwischendurch verloren ging, aber das ist nicht mehr Bestandteil der Geschichte. Eines ist sicher: Selten fällt eine Führungskraft mal von so weit oben aus allen Wolken, wie es in diesem Prozess der Selbstüberschätzerin passierte.

Fazit

Selbst- und Fremdwahrnehmung liegen bei der Selbstüberschätzerin weit auseinander. Sie hält sich bezüglich ihrer persönlichen, fachlichen und Führungskompetenzen für außergewöhnlich begabt. In der Wahrnehmung ihrer Umwelt war das ganz anders. Ihre Erzählungen aus dem Privatleben, mit denen sie Nähe schaffen wollte, wirkten auf ihre Mitarbeitenden immer wieder peinlich. Ihr fehlt eine Menge Fingerspitzengefühl dafür, was in einer Situation angemessen war und was nicht. Beispielsweise die Entblößung eines Fußes in einer Dienstbesprechung. Dass sie auf diesem Weg nie mit ihrer neuen Abteilung warm wurde, nahm sie nicht wahr. So kam ihr auch gar nicht erst der Gedanke, dass ihr eigenes Verhalten hierfür ursächlich sein könnte.

Ihre Fähigkeiten als Führungskraft waren ebenso schwach ausgeprägt. Das Delegieren von Aufgaben und die Weitergabe von

Verantwortung sind prinzipiell ein gutes Motivationsinstrument für Mitarbeitende. Die Selbstüberschätzerin verwechselte aber ihr ausgeprägtes Nichtkümmern mit dem Empowerment von Teammitgliedern. Die für den jungen Mitarbeiter furchtbare Situation, die daraus resultierte und ihn beim Vorstand verbrannte, konnte sie selbst auch im Nachhinein nicht als ihren eigenen Fehler einordnen. Vielmehr sah sie sich in der Rolle der Feuerwehr, die ihren Mitarbeiter heldenhaft aus schlimmster Not gerettet hatte, und in sich selbst den weiblichen Red Adair der Führungskräfte. Selbst die Tatsache, dass sie niemand sonst lobte und die Abteilung sich nach dieser Fast-Katastrophe weiter von ihr abwandte, konnte sie nicht einordnen. Noch schlimmer: Sie dachte nicht darüber nach, weil sie die Situation überhaupt nicht wahrnahm.

Zu allem Überfluss waren auch ihre fachlichen Fähigkeiten zu schwach für die Position. Als Führungskraft muss man oder frau nicht am meisten Expertenwissen in der Abteilung haben – das wäre sogar alarmierend. Allerdings sollte die Führungskraft in der Lage sein, sich top down in aktuelle Themen der Abteilung einzuarbeiten und diese zu verstehen. Daran fehlte es der Selbstüberschätzerin. Im Kern glaubte sie, dass sie alle notwendigen Fähigkeiten für die Stelle mitbringe, denn schließlich hatte man sie an diese Stelle befördert. Damit musste alles, was sie tat, doch richtig sein, oder?

Typische Verhaltensmuster und Sprachbeispiele

Feedbackverhalten

Mitarbeitende können sich sicher sein, von der Selbstüberschätzerin positives Feedback zu erhalten. Schließlich ist sie niemand, der sich ernsthaft mit den Arbeitsergebnissen oder dem Verhalten ihrer Teammitglieder auseinandersetzt. Sie möchte es – ein nachvollziehbarer menschlicher Zug – schön haben und das funktioniert eben am besten mit einer positiven Stimmung. Daher ist das Feedback zwar bestimmt gut. Fundiert wird es aber leider keinesfalls sein. Entschuldigung! Es gibt so viele schöne Dinge im Leben, mit denen sich die Selbstüberschätzerin beschäftigen möchte, bitte stören Sie als Mitarbeitende dabei nicht zu viel.

Kommunikationsverhalten

Die Selbstüberschätzerin kommuniziert auf der persönlichen Ebene. Sie ist von ihrer Grunddisposition ein freundlicher Mensch und kann in den ersten Momenten eine gute Basis zu anderen Personen herstellen. Hat man als Teammitglied regelmäßig mit ihr zu tun, wird man allerdings schnell bemerken, dass sie Unterhaltungen auf der persönlichen Ebene benutzt, um von der fachlichen Arbeit wegzukommen, auf die sie nämlich gar nicht so viel Lust hat. Wird es gezwungenermaßen fachlich, versucht sie, auf einer großen Flughöhe zu bleiben und Details zu vermeiden, da sie dann oft nicht mehr folgen kann. Vor allem kann sie ihren Mitarbeitenden dann keine Impulse geben.

Arbeitsverhalten

In ihrer Außendarstellung ist die Selbstüberschätzerin eine Person, die fleißig ist. In diesem Fall war sie an zwei Standorten tätig, pendelte zwischen ihnen zweimal pro Woche und verbrachte viel Zeit in ihren zwei Büros. Nur dass sie in der Bearbeitung der Themen nicht effektiv ist und die Dinge nur oberflächlich angeht. Sie arbeitet mit ihrer Abteilung allenfalls reaktiv die Dinge ab, die ihr auferlegt werden. Dem Anspruch, den man eigentlich an eine Führungskraft auf dieser Position stellt, nämlich neue Themen proaktiv zu entwickeln, wird sie nicht gerecht. Ihrem Umfeld wird dies über die Zeit immer klarer. Nur ihr selbst nicht.

Persönliches Verhalten

Die Selbstüberschätzerin ist eine freundliche Zeitgenossin. Sie legt Wert auf das soziale Miteinander und hält gerne mal ein Schwätzchen. Sie liebt es, dabei im Mittelpunkt zu stehen, und mag das Gefühl, von ihren Mitarbeitenden bewundert zu werden. Daher schart sie überwiegend die jungen Leute um sich. Im Duo mit ihrem Chef nimmt sie keine aktive Rolle ein und verlegt sich auf die der Meinungsverstärkerin. Übt ihr Chef oder ihre Chefin in solchen Gesprächen Druck auf das Gegenüber aus, eskaliert sie die Situation weiter. Ein Lob verstärkt sie ebenso. Ihre eigene Meinung sagt sie nicht, sie hat einfach keine.

Ein typischer Dialog zu einem x-beliebigen Thema

Mitarbeiter:»Chefin, wir haben ein Problem, das kriegen wir nicht gelöst.«

Selbstüberschätzerin:»Wie geht's Ihnen denn überhaupt? Ich war ja am Wochenende mit meinen Hunden und meinem Mann wandern. Wollen Sie Fotos sehen?«

Mitarbeiter:»Bitte? Wovon sprechen Sie? Also, noch mal, das Problem, das ist schwierig zu lösen …«

Selbstüberschätzerin:»Was haben denn die anderen gesagt, als Sie drüber gesprochen haben?«

Mitarbeiter:»Also, Herr X hat gesagt, wir nehmen Lösungsweg A, und Frau Y meinte …«

Selbstüberschätzerin:»Klingt doch super, Herr X hat sich da bestimmt schon Gedanken gemacht.«

Mitarbeiter:»Okay, wollen Sie es dann sehen, wenn es morgen fertig ist?«

Selbstüberschätzerin:»Nein, das wird schon passen. Geben Sie es mal gleich zum Vorstand. Der wartet schon.«

Was könnte die Selbstüberschätzerin reflektieren?

»Die Welt dreht sich nicht nur um dich. Wirklich nicht.« – Zu dieser Erkenntnis zu gelangen wäre ein ganz großer Schritt für die Selbstüberschätzerin. Gleiches gilt für die Einsicht, dass sie einen neuen Job nicht per se ausfüllt, nur weil sie ihn bekommen hat. Der Vorstand hatte der Selbstüberschätzerin aus diesem Beispiel den Karriereschritt ermöglicht und ihr beim Erklimmen der Karrierestufe die Hand gereicht. Nach dem Aufstieg galt es dann sich zu behaupten. Wie für jeden anderen Kandidaten und jede Kandidatin auch. Dazu gehört ein hartes Stück Arbeit.

Auch ihre soziale Interaktion im beruflichen Umfeld müsste sie reflektieren. Nähme sie die Egozentrikbrille einmal ab, würde sie feststellen, dass ein ernsthaftes Interesse an ihrem Gegenüber und dessen Themen eine gute Voraussetzung ist, eine freundliche und stabile Beziehung zu diesem Menschen aufzubauen. Dies wird sie nie erlangen, solange sie nur ihre eigenen Geschichten erzählt. Das intensive Nachdenken darüber, wie es dem Gegenüber wohl gerade geht, was es bewegt und was in diesem Moment wohl gerade wichtig für es ist, würde ihre soziale Kompetenz erheblich stärken.

Tipps an die Mitarbeitenden einer Selbstüberschätzerin

Die Selbstüberschätzerin ist keine missgünstige Führungskraft. Als Teammitglied sollten Sie sich nur darüber im Klaren sein, was Sie von ihr bekommen können und was eher nicht. Ein entspannendes Beisammensein nach einem anstrengenden Arbeitstag und dazu ein Schokoriegel? Ein solches Cool-down zum Feierabend werden Sie immer erhalten. Einen fachlichen Rat? Bitte erwarten Sie den nicht. Das wird nichts werden.

Werden Sie mit einem Thema, das eigentlich Ihre Vorgesetzte

selbst in der obersten Chefetage vertreten sollte, losgeschickt und Sie sind sich nicht zu 100 % sicher, dass Sie diese Aufgabe auch allein gut erfüllen können, dann gehen Sie zu Ihrer Vorgesetzten. Lassen Sie durchblicken, Sie hätten über den Flurfunk gehört, dass dieses Thema beim Vorstand schon besondere Aufmerksamkeit genösse und es bestimmt Eindruck machen würde, wenn auch die Bereichsleiterin bei der Vorstellung dabei wäre. Schmeicheln Sie ihr und sie wird ihren Job machen und mitkommen. Bestimmt wird sie nicht direkt den Vortrag übernehmen, aber sie steht dann wenigstens in der Schusslinie. Und genau da gehört eine gute Führungskraft hin, wenn sie es nicht vorher geschafft hat, den Showdown zu verhindern. Das wäre eigentlich der Job gewesen.

Der Ballverliebte

Die Geschichte

Es war einmal ein Geschäftsführer. Genau genommen gibt es ihn immer noch. Er war intelligent, belesen und vielseitig interessiert. Auch deshalb nahm ich sein Angebot an, das Unternehmen beim Generationswechsel und bei allen damit verbundenen kulturellen Veränderungen zu begleiten. Nennen wir es ›Projekt Champions League‹. Die angestrebten Veränderungen waren unter anderem: mehr Eigenverantwortung bei Führungskräften und Mitarbeitenden, eine lebendige Feedbackkultur und ein echtes Miteinander auf Augenhöhe. Das schien ein verheißungsvoller und bedeutsamer Auftrag. Für dieses Projekt wechselte ich von der Rolle der externen Beraterin in die der angestellten Leiterin für Mitarbeiterentwicklung. Es fing alles sehr gut an. Wirklich gut! Zu gut?

Dieses Warm-up dauerte etwas über ein halbes Jahr und war geprägt von intellektuellem Austausch und Konzeptarbeit. Wir sprachen über all die Dinge, die zu tun wären. Im Anschluss. Später. Als es später wurde und es vom ›Darüber-Reden‹ zum ›Daran-Arbeiten‹ ging, veränderte sich der intelligente, belesene und vielseitig interessierte Geschäftsführer auf nahezu dramatische Weise. Während ich hochmotiviert loslief und an der Umsetzung der vermeintlich in Auftrag gegebenen Themen arbeitete, kam er ins Grübeln. Jetzt verschob er regelmäßig, das heißt ungefähr täglich, die Prioritäten. Er begann, bereits auf den Weg Gebrachtes infrage zu stellen. Beispielsweise sollte die in Auftrag gegebene neue Website nun doch in anderen Farben erstrahlen – und das, nachdem das längst verabschiedete Farbkonzept über Wochen gemeinschaftlich und mit Unterstützung eines Grafikprofis entwickelt worden war. Pfiff. Abseits. Kein Tor.

Absprachen bekamen eine Verfallszeit von 48 Stunden, die eine oder andere wurde auch schon mal ganz vergessen. Das, was gestern noch spielentscheidend war, wurde tags darauf völlig irrelevant. Und, ganz charakteristisch, all das ohne jegliche Kommunikation nach links, rechts, oben oder unten. Dies konnte dazu führen, dass man am Morgen in das eigene Büro kam und dort einen Kollegen vorfand, der sich offensichtlich im Raum geirrt hatte und am falschen Schreibtisch saß. Bis, ja bis man feststellen musste, man selbst war diejenige, die sich irrte – denn das eigene Büro war über Nacht verlegt worden, natürlich ohne Ankündigung.

Zeitweise dachte ich, es müsse sich um einen Fall von organisationaler Demenz handeln. Aber dann wurde mir klar, die Ursache war sehr individuell und in diesem Fall das persönliche Problem des Geschäftsführers: Er war und ist ein ›Ballverliebter‹. Ab dem Moment, wo es gilt, etwas aus der Welt der Gedanken in die Realität zu entlassen, mit all ihrer Dynamik und dem Unvorhersehbaren, das sie birgt, setzt bei dem Ballverliebten so etwas wie ›die Angst vor dem Tor‹ ein.

Das Problem: Gedanken sind eine Art ›bewegliche Meinung‹ – flexibel, korrigierbar, löschbar. Realität dagegen manifestiert Meinung, macht sie konkret, sichtbar, angreifbar. Aus geistigen Dribblings werden Fakten. Und mit den Fakten erwächst das Risiko für einen Fehlschuss. Mit den Dingen gedanklich zu spielen, gerne auch einmal im Kreis oder ›einen Schritt vor und zwei zurück‹, das ist genial – weil eben (nur) Gedankenspielerei! Aber einen Ball über die Linie bringen, also Fakten schaffen und damit einen Fehlschuss riskieren, da sträubte sich bei ihm plötzlich etwas.

Nach der Souveränität in den Gedankenspielen zeigten sich beim Ballverliebten die Nerven bei der Umsetzung. Abspielfehler, zugestellte Laufwege und (Blut-)Grätschen häuften sich. Da, wo der Ballverliebte zuvor meine Meinung einforderte, verbat er sich diese plötzlich. Wenn man ihn an eine nicht eingehaltene Deadline erinnerte, strafte er das mal mit einer ›Schwalbe‹ oder alternativ mit Nachtreten ab. Aus »kümmern Sie sich mal« wurde »mischen Sie sich nicht in alles ein«. »Sie sind zu langsam« wechselte sich ab mit »Sie sind zu schnell«. Aus »machen Sie nicht immer einen Deepdive« wurde »mir fehlt da der konzeptionelle Unterbau«. Statt Spaß und Erfolg schlichen sich Fehlpässe und Fouls ein. Wo vor wenigen Monaten noch die Devise lautete: »Die Mitarbeiter sollen endlich mal den Mund aufmachen und ihre Meinung sagen«, hieß es plötzlich: »Da wird mir jetzt zu viel gequatscht.«

Menschen wurden massiv in Mitleidenschaft gezogen, weil sich beispielsweise plötzlich Anforderungsprofile für freie Stellen änderten. Kandidatinnen und Kandidaten, die bereits eingeladen waren oder sogar schon eine Zusage erhalten hatten, musste abgesagt werden. Die Zusammenarbeit wurde zunehmend ziel- und planlos. Nix eintrainierte Spielzüge und blindes Zuspiel! Stattdessen Verwirrung und Fragezeichen auf ganzer Linie. Aus einem großen Projekt und geplanten Arbeitspaketen wurde eine Vielzahl von fragmentierten Aufgaben, auch weil das eine oder andere Delegierte, augenscheinlich willkürlich, vom Ballverliebten wieder zur Chefsache erklärt wurde. Dann aber wegen zu großer Arbeitslast (die übrigens aus genau diesem Führungsverhalten resultierte) unbearbeitet liegen blieb, lange liegen blieb, sehr lange – vieles liegt da wahrscheinlich heute noch.

Von Teamplay keine Spur. Den Ball musste man als Teammitglied ständig abgeben oder aber suchen, weil der Ballverliebte das Spielgerät so sehr liebte, dass er es ganz nah bei sich haben wollte und manchmal sogar unterm eigenen Trikot versteckte. Je nach Stimmungslage konnte es aber auch vorkommen, dass der Ballverliebte mal eben ein paar zusätzliche Bälle aufs Feld kickte und verlangte, diese ins Spiel einzubauen. Okay. Das steigerte die allgemeine Verwirrung ins maximale Chaos. Die einen versuchten hyperventilierend auch unter diesen, sagen wir, ungewöhnlichen Umständen weiterzuspielen, andere blieben kopfschüttelnd stehen und schauten einander nur noch rat- und hilfesuchend an. Jetzt ging wirklich nichts mehr zusammen. Was für ein irrer Kick.

Es vergingen noch einige Monate, nennen wir es ›Nachspielzeit‹. Als diese zu Ende ging, kam es unweigerlich zum verbalen Elfmeterschießen. Und das lief so:

Die Mitarbeiterin tritt an:»Ich fühle mich wie ein Hund, der so kurz an der Leine geführt wird, dass er quasi hechelnd an Ihrem Knie hängt – Sie müssen mich von der Leine lassen, sonst funktioniert das nicht.«

Die Führungskraft kontert:»Sie greifen nach allem, rechts wie links. Sie sollten sich Ihren Platz am Tisch in Erinnerung rufen und tun, wofür Sie da sind: Rekrutieren.«

Aha, bis zu diesem Schlagabtausch hatte ich immer noch gedacht, ich begleitete eine unternehmensweite Transformation. Ich war tatsächlich der Meinung gewesen, ich spiele um die Teilnahme an der Champions League. Jetzt wurde mir schlagartig klar, dass ich die Qualifikation längst verpasst hatte, unbemerkt abgestiegen und zu allem Überfluss auch noch auf der Bank gelandet war.

Die Stimmung nach dem Abpfiff: viel Frust auf beiden Seiten. Eine respektable erste Halbzeit, gefolgt von einer leider völlig verkorksten zweiten Hälfte. Ein paar hoffnungsvolle Ansätze, aber keinen Spielzug vernünftig zu Ende gespielt. Insgesamt zu viel Aufwand für zu wenig Ergebnis. Das Team, das keines war, hatte sich nicht belohnt.

Die Spielanalyse? Große Ambitionen auf allen Seiten, ein vielversprechender Neuzugang, der den Auftrag hatte, eine grundlegende Veränderung zu initiieren und zu begleiten. Blöd nur, wenn jemand das, was er kann und soll, am Ende nicht darf! Und wenn der zentrale Mitspieler, seines Zeichens auch noch Spielführer, erst der Spielstrategie zustimmt und dann im Laufe der Spielzeit vergisst, was besprochen wurde, also wo das Tor steht. Stattdessen irgendwie den Ball über das Spielfeld drischt und die zunehmend verwirrten und verzweifelten Mitspielenden hinterherscheucht … und das immer konsequent knapp am Tor vorbei. Alles getreu diesem Motto: »Spielen im Sinne von ›über die Dinge philosophieren‹ ist schön und stimulierend – Tore schießen im Sinne von ›das Ding reinmachen‹ ist anstrengend und risikoträchtig. Macht aber nichts – Machen wird sowieso überbewertet.«

Fazit

Das Problem der Ballverliebten ist, dass sie vor lauter Begeisterung für das Spielgerät sowohl die Mitspielenden als auch das Tor aus den Augen verlieren und daher nichts Zählbares leisten. Der Ballverliebte lebt für seine Dribblings und bevorzugt das Spiel ›eins gegen eins‹. Wäre er nicht Geschäftsführer geworden, sondern Fußballer, dann hätte man ihn in der Jugend wegen seiner Ballverliebtheit und des fehlenden Teamplays ausgemustert. Letztlich hätte er als ewiges Talent oder klassischer Bankdrücker geendet. Tragisch, wenn ein Individualist sich für eine Mannschaftssportart entscheidet und sich selbst, wie alle anderen, schwindelig spielt.

Typische Verhaltensmuster und Sprachbeispiele

Feedbackverhalten

Der Ballverliebte hat ein Faible für Details und ein noch größeres dafür, diese zu kommentieren. Um welche Art von Detail es im Einzelfall geht, hängt von der persönlichen Neigung ab. Der Ballverliebte in unserem Beispiel richtete seine Aufmerksamkeit insbesondere auf alles Geschriebene sowie die Form und Farbe von Veröffentlichtem (Aushänge, Briefe, E-Mails, Websites u. Ä.). Der Ballverliebte gibt dazu permanent und umfangreich ausschließlich negative Rückmeldung. Im vorliegenden Fall etwa zu einem Tippfehler in einem Schreiben. Dass mit genau diesem Schreiben ein Teilprojekt abgeschlossen wurde, ließ er dagegen unkommentiert. Und hier kommt das eigentlich Spannende: Der Ballverliebte gibt grundsätzlich keine Rückmeldung beim Erreichen von Meilensteinen und Projektabschlüssen. Erfolge feiern, kleine oder große? Fehlanzeige! Er feiert keine Tore. Warum nicht? Weil er sie nicht erkennt und als Erfolg wahrnimmt bzw. bewertet. Sie wundern sich? Ja, ich mich auch, jedes Mal wieder. Aber so ist es. Auch wenn Sie sich kein bisschen für Fußball interessieren: Stellen Sie sich einmal eine Mannschaft vor, für die es augenscheinlich keinen Unterschied macht, ob sie gewinnt oder verliert. Erfolg geht anders, oder? Freude sowieso.

Kommunikationsverhalten

Der Ballverliebte kann sehr eloquent sein, ist aber definitiv ein Kommunikationslegastheniker. Das heißt, er kann sehr systematisch sein, zum Beispiel beim Aufbau eines Schriftstückes. Aber leider niemals systemisch! Eine systemische Kommunikation verlangt Fragestellungen wie:»Welche meiner Entscheidungen/Aktionen hat Einfluss auf wen und was? An wen oder was muss ich denken und wen muss ich wann worüber informieren?« Um beim Fußball zu bleiben: Eine gute Kommunikation und ein gutes Passspiel setzen voraus, dass ich nicht den Ball anschaue, sondern den Kopf hochnehme, das ganze Spielfeld überblicke und die anderen Teammitglieder adressiere. Immer und ganz selbstverständlich. Genau das kann der Ballverliebte nicht.

Persönliches Verhalten

Der Ballverliebte entschuldigt sich nicht, quasi nie. Warum? Er weiß einfach nicht, wie Mannschaftssport funktioniert, und hat daher kein Bewusstsein für die eigenen Defizite. Abspielen, passen, Mitspielende in Szene setzen oder gar Trikottausch sind nicht nur Fremdwörter für ihn, sondern existieren in seinem Weltbild überhaupt nicht.

Arbeitsverhalten

Der Ballverliebte kennt nur zwei Arbeitsmodi: sofort oder gar nicht. Ein solcher Chef und eine solche Chefin biegen regelmäßig mit einer Aufgabe um die Ecke, die ganz dringend sei und sofort erledigt werden müsse. Das erzeugt permanent Brände, weshalb Mitarbeitende zu Feuerwehrkräften werden, die ebenso permanent im Einsatz sind. (Übrigens anders als bei der echten Feuerwehr. Hier besteht die Arbeit zu 90 Prozent aus Langeweile, weil es nicht brennt, und zu 10 Prozent aus Löschen, weil das der Unfall und damit die Ausnahme ist.)

Da bei diesem Typus von Führungskraft die Ausnahme oder der Unfall zur Regel wird, werden planvoll angesetzte Themen nicht nur nicht planvoll, sondern in der Regel gar nicht realisiert. In den (digitalen) Schubladen der Ballverliebten stapeln sich Themen unter der Überschrift »Man müsste mal«.

Ein typischer Dialog zu einem x-beliebigen Thema

Der Ballverliebte:»Schauen Sie mal, das ist interessant. Das sollten wir unbedingt einmal machen.«
Der Mitarbeiter:»Ja, richtig, das stimmt.« (Resultat: keines)
Drei Monate später. Der Ballverliebte:»Wir haben doch mal über das Thema X gesprochen. Haben Sie dazu schon etwas gemacht?«
Der Mitarbeiter:»Oh, sollte ich?«
Der Ballverliebte:»Mmh, lassen Sie uns bei Gelegenheit noch einmal darüber sprechen.«
(Resultat: danke für nichts)

Was könnte der Ballverliebte reflektieren?

Rückmeldung hat ihren Preis. Mit dickem Stift Kommas korrigieren kostet Motivation. Formulierungen infrage stellen oder ändern frustriert den Schreiber. Der Ballverliebte sollte abwägen, wie viel Motivation ein Komma oder eine einzelne Formulierung ihm wirklich wert sind. Micromanagement tötet Motivation.

Die Talente des Teams nutzen. Auch als Mannschaftsführer spielt man nicht jeden Ball selbst. Wäre doch komisch, oder? Niemand ist in Personalunion Kapitän, Torhüter, Stürmer, Freistoßspezialist, Eckenreingeber, Innenverteidiger, Flügelflitzer und Knipser. Da sind andere rechts und links neben einem, die das können. Also Kopf hoch und abspielen!

Führung ist Mannschaftssport. Der Ballverliebte sollte sich bei jeder Entscheidung, die er trifft fragen: Wen betrifft diese Entscheidung? Wen muss ich vorher inhaltlich dazu abholen? Wen muss ich informieren?

Ein Spiel dauert 90 Minuten. Vielleicht müssen in dieser Zeit die Spielweise angepasst und Spieler ausgetauscht werden, aber in einem Spiel wird niemals das Ziel verändert. Das wäre ja, als würde während des Spiels das Tor umgebaut. Und den Platz verlässt die Mannschaft natürlich auch erst nach Abpfiff, und zwar gemeinsam. Anstrengung ohne Ziel ist wie Spiel ohne Tor. Lange nicht mit dem Team gefeiert? Dann sollte sich der Ballverliebte fragen, wann er das letzte Mal ein Ziel erreicht hat.

Tipps an die Mitarbeitenden eines Ballverliebten

Der Ballverliebte hat keine Ahnung von Delegation. Er kennt das Wort, weiß aber nicht, was es bedeutet. Und das werden wahrscheinlich auch Sie nicht ändern. So weit die schlechte Nachricht.

Was Sie tun können: Reagieren Sie allergisch auf Konjunktive. Hören Sie ein »sollte«, »könnte« oder »müsste«, fragen Sie direkt, ob oder ob nicht. Und wenn ja, klären Sie, wer was bis wann tun wird. Und Achtung: Schreiben Sie es auf! Das hilft Ihnen, sich selbst und den Ballverliebten an das Vereinbarte zu erinnern, wenn der Verwirrungsgrad mal wieder zunimmt. Das ist zwar keine Garantie dafür, dass der Ballverliebte dann einsichtig ist, sorgt aber dafür, dass Sie wissen, bei wem das Problem liegt. Das schützt Sie vor Selbstzweifeln und der Frage, ob Sie vielleicht selbst aufs falsche Tor spielen.

Peter Pan

Die Geschichte

Mit Anfang zwanzig lernen oder studieren manche von uns noch. Andere, eher frühreife Exemplare gründen eine Familie oder bauen ein Haus. Dann gibt es noch diese besondere Spezies derer, die bis dahin eigentlich wenig gemacht haben, außer vieles zu beginnen und wenig zu beenden, die dann aber zur richtigen Zeit am richtigen Ort sind. Der richtige Ort war im Falle von Peter Pan das Sofa eines Kumpels. Dieser Kumpel, einige Jahre älter als Peter Pan, hatte ebenfalls im Laufe seines Lebens einiges begonnen, aber vieles davon sehr gut zu Ende gebracht. Unter anderem gründete er ein Unternehmen und brachte dieses, wie auch sich selbst, sehr lukrativ in eines der großen deutschen Telekommunikationsunternehmen ein. Familie hatte er auch bereits, Haus war ebenfalls gebaut. Genau dahin zog er sich wenig später zurück, nach einem Share Deal mit dem ihm aufgrund des Wachstums zu anonym gewordenen Telekommunikationsunternehmen (so zumindest die offizielle Version). Und da saßen sie dann gemeinsam auf dem Sofa. Die beiden, die unterschiedlicher nicht sein konnten. Was sie verband, und manchmal schien es das Einzige zu sein, war ihre Leidenschaft fürs Online-Gaming. Also zockten sie bei Pizza und Bier, was das Zeug hielt. Der eine brauchte nichts anderes mehr zu tun, der andere wollte nichts anderes tun.

Der Ältere hatte schon zuvor, quasi nebenbei, ein browserbasiertes Strategiespiel entwickelt, mit dem sie sich nun gemeinsam entspannt auf dem Sofa lümmelnd beschäftigten. Völlig überraschend entschloss sich innerhalb kürzester Zeit eine nicht unwesentliche Anzahl von Menschen, mitspielen zu wollen – nicht auf dem Sofa, sondern online. Dieses Spiel, vom Sofa aus in die Welt getragen, war der Startschuss für ein ganzes Genre in der digitalen Spieleindustrie. Die beiden konnten gar nicht anders, als ein Unternehmen zu gründen und vom Sofa ins Büro umzuziehen. Obwohl der eine es nicht brauchte und der andere es nicht wollte. Der Sog war einfach zu groß und es machte so verdammt viel Spaß.

Die beiden waren aufgrund ihrer Unterschiedlichkeit ein unschlagbares Duo, der eine verdingte sich im gemeinsam gegründeten, neuen, wirklich sehr besonderen Unternehmen als Innen-, Peter Pan als Außenminister. In einem seiner Presseinterviews wies Peter Pan explizit darauf hin, dass er in der Schule nie Bock gehabt und im Anschluss gleich mehrere Ausbildungen hingeschmissen habe, weil ihm das alles zu langweilig gewesen sei. Konventionelle Bildung war Blödsinn. Peter Pan war sehr bemüht, sich von all den Normalen, stromlinienförmig Sozialisierten und demzufolge langweiligen Angepassten abzugrenzen. Er wollte anders sein und er war anders. Wäre ich wohlwollender, hätte ich ihn den ›Provokateur‹ genannt, aber dafür war er mir noch nicht reif genug. Apropos reif: Als Führungskraft war er natürlich völlig unbeleckt. Bis dato beschränkte sich seine Führung darauf, sich selbst einigermaßen gut durch den Tag zu bringen und seine Online-Games-Charaktere zu entwickeln. Sie wissen schon: Level up, goldenes Schwert statt Blechschwert, Ritterrüstung statt Leinenhemd. Das musste reichen. Peter Pan führte die Geschäfte und seine Mitarbeitenden so gut, wie es eben ging. Was nicht einfach ist, wenn man die Aufmerksamkeitsspanne eines Kleinkindes hat, sich im Minutentakt gelangweilt fühlt und sekündlich blitzgedankliche Eingebungen bekommt, denen man sofort folgen muss. Haben Sie zufällig schon »Der Scharfschütze« gelesen? Das, was der zu viel hat, hatte Peter Pan zu wenig: Impulskontrolle. Er hatte genau genommen gar keine Impulskontrolle. Er legte los, immer und jederzeit mit allem. Dass er mit seinem Geflatter alles, was andere sorgfältig geplant hatten, durcheinanderwirbelte, war ihm nicht nur egal, sondern das fand er richtig gut. Peter Pan hätte vor diesem Hintergrund auch ›Das Kleinkind‹ heißen können, aber dafür war er mir zugegebenermaßen dann doch zu reif. Je mehr Staub er aufwirbelte, je schwungvoller er einen Raum betreten konnte, je kräftiger er etwas oder alles aufmischte, umso besser. So sollte es sein. Genau so. Peter Pan hatte zwar nichts Erwähnenswertes gelernt, wusste und konnte aber alles. Einfach so. Weil er der war, der er war. Und genau so gefiel er sich. Fertig. Das musste – wieder mal – reichen.

Nach einigen Jahren kamen Peter Pan und der Ältere zu dem

Schluss, als Geschäftsführer der gleichen Company nur bedingt zu harmonieren. Game over. Man trennte sich im vermeintlich besten Einvernehmen. Peter Pan gefiel sich in der Rolle des Zu-neuen-Ufern-Fliegenden, ohne einen Schulterblick darauf zu verschwenden, dass hier ein ungewollter Bruch oder ein Scheitern reflektiert werden könnte. Alles war gut. Er schwamm oben. Egal ob mit dem Bauch oder dem Rücken. Hauptsache oben. Peter Pan begehrte die Deutungshoheit über die Geschehnisse und er deutete sie so, dass sie gefällig waren, zumindest ihm gefielen. Und das war zugegeben auch gar nicht schwer, denn Peter Pan verließ das Unternehmen nicht mit leeren Händen. Sein Kontostand erlaubte ihm nun deutlich mehr, als nur den Rest seines Lebens nicht mehr für Geld arbeiten zu müssen. Er war, wie man so schön sagt, ›ein gemachter Mann‹, zumindest finanziell. Nach einem Orientierungspäuschen, das er selbst nie so genannt hätte, gründete er ein neues Unternehmen. Er blieb der Branche treu. Und er zeigte in einem persönlich starken Moment, dass mehr als nur Peter Pan in ihm steckt, als er zugab, eines seiner Motive für die erneute Firmengründung sei, sich selbst zu beweisen, dass er es auch alleine könne.

Er startete mit einer gut sortierten Mannschaft renommierter Leute und er hatte eine Vision. Er fand die richtigen Worte, traf gute Entscheidungen, gewann das Vertrauen der Investoren. Und er wuchs innerhalb weniger Monate vom Fünf-Personen-Start-up zu einem Fünfzig-Personen-Unternehmen. Inklusive großem Interesse bei Presse und professionellen Investoren.

Was folgte, war eine vermeintlich unbeschwerte Zeit. Das Team, bestehend aus Game-Designerinnen, Programmierern, Grafikerinnen und anderen, arbeitete an der Entwicklung der ersten Spiele. Die Stimmung untereinander war einerseits hochkonzentriert, andererseits total ausgelassen. So ziemlich jeder hatte auf, an oder unter seinem Schreibtisch eine Nerf Gun. Wenn einem nach einer Pause war oder es einen aus anderen Gründen überkam, wurde der Rest des Teams unter Beschuss genommen. Was sich dieses natürlich nicht widerstandslos gefallen ließ. Also wurde das Büro (eigentlich ein Loft mit Tischen, Stühlen, viel Technik und ein paar Gadgets) zur Szenerie eines Actionfilms. Man schmiss sich mit vollem Körpereinsatz in Deckung, schoss aus allen Lagen und lachte sich in Krämpfe bis zur totalen Erschöpfung. Ganzkörperentspannt ging man dann wieder an die Arbeit. Die Abende waren echte Feierabende, mit Bier und Spaß. Was Freude bei der Arbeit und Leidenschaft bedeuten, war hier auf wunderbare Weise erlebbar. Nimmerland in echt. Dabei war klar, dass nur ein kommerzieller Erfolg zumindest eines der in der Entwicklung befindlichen Spiele das Unternehmen gelingen ließ. Ansonsten war es unausweichlich, dass dieses Start-up über die Planke gehen würde. Denn transparent wurde die Burningrate öffentlich gemacht und für alle sichtbar platziert. Die Burningrate gab an, wie viele Tage das Unternehmen ohne Einnahmen existieren könnte. Also im Grunde die Lebenszeit und damit auch den prognostizierten Todestag im Falle der Erfolglosigkeit. Es war ein bisschen so, wie in einem Raum zu sitzen und zu wissen, wann der Sauerstoff ausgeht. Oder wie das Krokodil mit der verschluckten, laut tickenden Uhr. Die gute Nachricht: Es waren neunzig Tage. Die schlechte Nachricht: Es waren neunzig Tage. Doch selbst im Angesicht des Damoklesschwerts Burningrate arbeitete das Team fokussiert und maximal gut gelaunt. Das nenne ich mit Druck umgehen können. Und Spiele haben manchmal auch so gar nichts Spielerisches.

Peter Pan hatte natürlich keine festen Arbeitszeiten, er kam und ging voll agil, dynamisch und flexibel. Zu Beginn war für alle die Zeit seiner Anwesenheit kostbar, seinen Worten zuzuhören war wie Nektar saugen.

Er installierte eine kompetente und erfahrene Doppelspitze, die operativ die Firma führte. Je weiter die Organisation reifte und der Entwicklungsstatus der ersten Spiele sich in Richtung Launch bewegte, desto weniger wurde Peter Pan operativ gebraucht. Die Doppelspitze kümmerte sich um die Entwicklung der Spiele und ebenso um die Mitarbeitenden. Die beiden waren nah am Team, sicherten den organisatorischen Rahmen, synchronisierten kreative und technische Prozesse, sorgten dafür, dass der Laden lief.

Wo zu Beginn noch, wenn die Tür aufging und Peter Pan einflog, ein großes »Hallo« und etliche »Hör mal« oder »Sag mal« zu vernehmen waren, herrschte jetzt Stille. Die Mitarbeitenden tauchten dezent ab, wenn Peter Pan den Raum betrat, in der Hoffnung, nicht angesprochen zu werden. Sie wollten arbeiten, wie abgesprochen und geplant – dabei störten Peter Pan und sein Flügelschlag. Denn in alter Manier wirbelte er durch die Räume und ließ nach zwei Stunden gefühlt keinen Stein auf dem anderen.

Peter Pan brauchte diese Auftritte, brauchte die Bestätigung, musste auffallen, um sich selbst zu gefallen. Und auch hier beanspruchte er die Deutungshoheit. Statt Fragen zu stellen und der Antwort zu lauschen, glaubte er Frage und Antwort zu kennen und behauptete kokett, dass es gar nicht leicht für ihn sei, so viel schlauer, begabter, talentierter, einfach besser zu sein als alle anderen.

Peter Pan wirkte wie ein Amphetamin, konnte schnell immense Impulse setzen. Er tat dies aber leider auch, wenn es, wie im Beispiel oben, gar nicht nötig war und stattdessen im Tagesgeschäft ein ruhiges, routiniertes (Weiter-)Arbeiten gefragt war. Da spielte ihm sein übersteigertes Selbstbild ›Ich kann was, was du nicht kannst‹ regelmäßig einen Streich. Bei ›ruhig und routiniert‹ würden ihm quasi als allergische Reaktion die Flügel abfallen, da musste er einfach gegenhalten.

Er war das Epizentrum der Impulse. Kontinuität und Stetigkeit lösten wie ›ruhig und routiniert‹ dagegen eine Art Autoimmunreaktion aus. Dadurch fehlten ihm als Führungskraft Nachhaltigkeit und Langfristigkeit. Die Ergebnisse blieben unverwurzelt, anfällig und porös. Und damit sein Wirken und das Werk seines Teams unter Wert.

Dabei hatte er persönlich alles, was es für großes Kino braucht: Klugheit, Mut, Humor, Eloquenz, eine Prise Unangepasstheit und eine gesunde Portion Selbstgefälligkeit, was eine Voraussetzung ist, um im Markt, diesem Meer von Konkurrenten, Kritikerinnen, Zweiflern, Neiderinnen und Gegnern, Krokodilen und Captain Hooks langfristig bestehen zu können.

Die beste Rolle des Peter Pan im Unternehmen ist aufgrund seiner DNA die als ›frei fliegende Intelligenz‹, da ist er Gold wert. Als Visionenvermittler, Impuls- und Ideengeber, Problemreflektierer, Lösungsfinder, Gemeinschaftsgefühlerzeuger, Stimmungsbooster, Kraftspender und Mutmacher. Er kann sogar Tinker Bell. Aber bitte – ihn auf keinen Fall operativ einbinden in Prozesse oder gar mit konkreten Aufgaben versehen, die mit der Hand am Arm zu erledigen sind. Und Führungsverantwortung? Maximal für zwei starke Personen, die ihm trotzen können und ein wirksames Korrektiv sind, durch Kompetenz und weil sie wissen, dass sie auch ohne diesen Job erfolgreich sein können.

Peter Pan ins operative Geschäft zu involvieren ist ein bisschen, wie ein Rennpferd vor einen Pflug zu spannen. Peter Pan wird sich das Geschirr übrigens in der ihm eigenen intellektuellen Selbstüberschätzung anlegen und meinen, das könne er auch und offensichtlich werde er ja genau dort gebraucht. Aber Achtung: Sobald der erste Schweißtropfen perlt, schert er aus. Was er wirklich braucht, ist ein bisschen Schutz vor sich selbst, damit er fliegen kann. Dann wäre aus dem vielversprechenden, schnell wachsenden Start-up vielleicht ein nachhaltig erfolgreiches Unternehmen erwachsen. Und kein bemühtes Unterfangen im Niemandsland.

Fazit

Seine zur Schau getragene Unangepasstheit, das laute Pfeifen auf Konventionen hört sich an wie ein eindeutiges »Ist mir doch alles egal, ich mach mein eigenes Ding«. Könnte aber auch Kulisse sein, um das zu bekommen, was er vermeintlich so gar nicht anstrebt: die Aufmerksamkeit anderer und gesehen zu werden.

Als Führungskraft gibt er seinen Mitarbeitenden das Gefühl, derjenige zu sein, der es am Ende richten kann, und auch derjenige zu sein, der es am Ende richten muss. Bei aller persönlichen Lockerheit, Peter Pan führt hochautoritär, denn wenn es eng wird, ergreift er die Macht. Sicherlich in guter Absicht, aber nicht immer ist gut gemeint auch gut gemacht.

Außerdem bleibt er seinen Mitarbeitenden seltsam fremd, da er keine Schwäche, keinen Fehler eingesteht. Zumindest nicht direkt und unverhohlen. Selbst wenn das Feuer durchs Dach schlägt, räumt er nur indirekt ein, dass da etwas schiefgelaufen ist. Lieber verpackt er den Brand zweckoptimistisch als kokettes »Ist genau richtig so. Hätte ich nicht anders gewollt«.

Peter Pan ist extrem begeisterungsfähig, sprudelt nur so vor Ideen und ist ebenso aufgeschlossen für die Ideen anderer. Für sein Umfeld kann es frustrierend sein, dass er so überzeugt von der Idee eines Mitarbeitenden sein kann, dass er vergisst, woher die Idee kommt. Sie wird zu seiner. Und war auch immer seine. Die Konsequenz? Kein Dank und keine Wertschätzung an den eigentlichen Urheber oder die Urheberin.

Seine intellektuelle Eitelkeit steht ihm im Weg, wenn es um wahrhaftige Kooperation geht, und seine Ignoranz handwerklichen Tugenden gegenüber erschwert echte Kollaboration.

Das sind die Showstopper des Peter Pan bei der Entwicklung von etwas Nachhaltigem und etwas, das auch im Fluss der Veränderungen Bestand hat. Die große Herausforderung für ihn: Demut. Man muss nicht exaltiert sein Anderssein zur Schau stellen, um brillant zu sein. In einem Unternehmen, auch dem eigenen, gilt es, die Rolle einzunehmen, mit der man die beste Wirkung erzielen kann. Und das ist hier eindeutig die der frei fliegenden Intelligenz. Demut braucht es, um seine Grenzen zu erkennen und sich konsequent zu seinen Möglichkeiten zu bekennen. Dann würde aus Peter Pan ein Entrepreneur. Wahrscheinlich einer der besten, weil immer noch magisch.

Typische Verhaltensmuster und Sprachbeispiele

Feedbackverhalten

Peter Pan gibt bereitwillig Feedback, spontan und umfangreich. Solange Peter Pan konzentriert bleibt und sich mäßigt, sind seine Rückmeldungen wert- und gehaltvoll. Er neigt aber dazu, von konkreter, differenzierter Rückmeldung in den ausschweifenden Monolog zu rutschen. In diesem geht es dann am Ende um Peter Pan selbst und darum, wie er die Dinge richtig und besser machen würde. Das ist dann nur noch wenig hilfreich für den Mitarbeitenden.

Kommunikationsverhalten

Wie sein Feedback: wortreich, spontan, direkt, offen, ungefiltert und ungeschönt. Und auch hier: Solange er fokussiert bleibt, ist er ein Meister der Sprache und ein Großer der Ansprache. Gibt er den Fokus auf, wird es zu einem wahllosen Viel, wirr und verwirrend zugleich.

Arbeitsverhalten

Er arbeitet, wie eine frei fliegende Intelligenz arbeiten sollte: frei! Andere, unfreie Geister würden das unsystematisch oder gar oberflächlich nennen. Das etwas Brisante daran: Peter Pan hält sich für strukturiert und ist überzeugt von seiner professionellen Arbeitsweise. Tatsache ist aber, dass er, verwöhnt durch seine hohe Aufnahmefähigkeit, nie ein organisatorisches Handwerk entwickelt hat. Zum Beispiel gibt er zwar anderen den Tipp, unbedingt Notizen zu machen, praktiziert das in eigener Sache aber nicht. Warum? Macht er nur, wenn es notwendig ist. Das ist es aber nie, weil es bei ihm grundsätzlich wegen der Bits & Bites in der Birne keine kognitive Not zu wenden gibt.

Persönliches Verhalten

Peter Pan ist zugewandt, temperamentvoll und lebensfroh, persönlich, direkt bis schonungslos. Und wieder einmal macht die Dosis das Gift oder entscheidet die konkrete Situation über absolut gelungen oder ziemlich daneben.

Ein typischer Dialog zu einem x-beliebigen Thema

Peter Pan: »Ich will, dass es auch ohne mich geht.«
  Mitarbeitender: »Okay. Ich übernehme die Fertigstellung der Aufgabe.«

Peter Pan: »Gut. Wie machst du das?«

Mitarbeitender: »Das weiß ich noch nicht genau. Darüber muss ich nachdenken.«

Peter Pan: »Okay.«

Zwei Tage später:

Peter Pan: »Wie sieht es mit der Aufgabe aus?«

Mitarbeitender: »Ich plane das gerade.«

Peter Pan: »Wie planen? Du wolltest das zu Ende machen.«

Mitarbeitender: »Ja, das mache ich auch.«

Peter Pan: »Hast du aber noch nicht?«

Mitarbeitender: »Nein, noch nicht. Ich bin noch bei der Planung.«

Peter Pan: »Wir haben vor zwei Tagen darüber gesprochen, das hätte ich am nächsten Mittag fertig gehabt.«

Mitarbeitender: »Aber da brennt doch nichts an. Ich mache das.«

Peter Pan: »Fragt sich nur, wann. Okay, ich übernehme. Wäre echt schön, wenn es auch mal ohne mich ginge.«

Was könnte Peter Pan reflektieren?

»Ersetze intellektuelle Eitelkeit durch Klugheit.« Peter Pan sollte seine Eitelkeiten loslassen. Eitelkeiten verzerren und verzehren ihn. Er sollte seine Grenzen erkennen und sich zu seinen Möglichkeiten bekennen. Man muss nicht alle Räume bespielen, um zu Hause zu sein. Klugheit entspannt.

»Ersetze Überspielen durch Mitspielen.« Peter Pan sollte sich zu seinen Unsicherheiten, Sorgen, Ängsten und Nöten bekennen. Dann ist auch kein ›Vorne ist, wo ich bin‹ mehr nötig, das sich manchmal wie Pfeifen im Walde anhört. Mitspielen heißt Teil von etwas Größerem werden, zu tragen und sich tragen zu lassen.

»Ersetze anders machen durch gut machen.« Peter Pan sollte aufhören, seine Energien in Extravaganzen zu stecken, da gibt es weder Zinsen noch lockt das nächste Level. Er muss nicht anders sein, um besonders zu sein. Er sollte nur die beste Version seiner selbst werden.

Tipps an die Mitarbeitenden eines Peter Pan

Peter Pan kann nerven mit seiner als Agilität getarnten Desorganisation und seinem Hang zur Hybris. Sie werden eine aufregende Zeit haben, denn eines wird es mit ihm definitiv nie: langweilig. Wenn Sie nachsichtig sind mit seinen, sagen wir ›persönlichen Eigenarten‹, diese wo nötig demütig zu kompensieren bereit sind und den Fokus auf seine Talente richten, dann können Sie in der Zusammenarbeit ein Plus verzeichnen. Sie werden ›ich fühle mich zu Hause‹-Momente erleben und viel Spaß haben. Der Preis dafür: Sie werden Peter Pan minimalinvasiv, aber wirkungsvoll in Schach halten und beständig hinter ihm aufräumen müssen. Meine Erfahrung: Das ist es wert!

Der Frühstücksdirektor

Die Geschichte

Ich lernte den Frühstücksdirektor als Personalleiter eines mittelständischen Unternehmens kennen. Er wirkte überaus freundlich, zugewandt, kommunikationsstark. Wirklich sympathisch und sehr souverän. Bei einem der ersten Treffen sprachen wir über Veränderungsprozesse in Unternehmen. Wir saßen in seinem geräumigen Büro, bei Kaffee und Wasser. Als wir die ersten Sätze zum Thema gewechselt hatten, stand er unverhofft auf, ging zu dem großen, an der Wand hängenden Whiteboard und skizzierte dort mit passendem Stift und entsprechender Rhetorik die fünf Phasen der Veränderung. Offensichtlich spontan und scheinbar ohne Mühe.

Über ein Jahr später, wieder einmal in seinem Büro, sah ich genau diese Zeichnung auf ebendiesem Whiteboard. Diese befand sich dort aber nicht erneut, sondern immer noch. Wie sich herausstellte, war es der einzige Sachverhalt, den der Frühstücksdirektor aufzeichnen konnte. Und es gab dazu in über zwölf Monaten wohl auch nur eine einzige Gelegenheit, damals mit mir. Genauso wenig wie alle diejenigen virtuos Musizierende sind, die nur ein ›Für Elise‹ klimpern können, war der Frühstücksdirektor ein versierter Visualisierer. Er hatte seinerzeit seine Elise aufs Whiteboard gebracht, weil es wie die Begrüßung und der Händedruck zu seinem ritualisierten Kennenlernkontext unter Managerinnen und Managern gehörte. Er verfügte aber über keinerlei Kompetenz, anderweitige Themen, Ideen oder Sachverhalte darzustellen. Deshalb spielte es für ihn auch keine Rolle, ob dieses Whiteboard da nun hing oder nicht, er brauchte es ja nicht. Und offensichtlich bemerkte er auch nicht die Wirkung, die die immer gleiche Zeichnung auf wiederkehrende Gäste haben musste. Nach seinem Ende, fast zwei Jahre später, ließ sich das Whiteboard tatsächlich nur mit allen Tricks der Reinigungskräfte und unter Zuhilfenahme des halben Giftschrankes wieder in seinen Ursprungszustand versetzen. Die fünf Phasen des Veränderungsprozesses hatten sich kaum veränderbar mit der Beschichtung des Whiteboards verbunden. Geradezu entlarvend.

Bei Wikipedia findet sich folgende Definition für den Begriff ›Frühstücksdirektor‹:»Als Frühstücksdirektor wird umgangssprachlich eine hochrangige Führungskraft bezeichnet, die in einem Unternehmen oder einer Organisation keine operativen Funktionen innehat oder diese nicht wahrnimmt. Ein Frühstücksdirektor besitzt keine Weisungsbefugnis und verfolgt keine Sachziele – er konzentriert sich auf Repräsentationsaufgaben.«

Unser Frühstücksdirektor hatte gleich mehrere operative Funktionen inne und besaß sehr wohl Weisungsbefugnis. Er führte ein Team von sechs ihm direkt anvertrauten Mitarbeitenden und aufgrund seiner Position standen die anderen 250 ebenfalls stramm, sobald er aufkreuzte. Dieser Frühstücksdirektor war also definitiv nicht für Repräsentationsaufgaben eingestellt, sondern gehörte laut Google-Definition zur Kategorie derer, die 1.) ihre Funktion nicht wahrnehmen und 2.) keine Sachziele verfolgen.

Dabei startete der Frühstücksdirektor seine Tätigkeit im Unternehmen mit einem großen Projekt: der Einführung eines Haustarifvertrages. Zur erfolgreichen Realisierung brauchte es die Zustimmung eines jeden einzelnen der gut 250 Mitarbeitenden. Wären die Mitarbeitenden nicht in signifikanter Anzahl zu überzeugen gewesen, wäre das Projekt krachend gescheitert. Bitte erinnern Sie sie sich an diesen Teil der Definition:»Der Frühstücksdirektor konzentriert sich auf Repräsentationsaufgaben.« Unser Frühstücksdirektor führte mit jedem Mitarbeiter persönlich dieses Gespräch. Dabei war er sowas von in seinem Element, galt es doch den schicken Haustarif zu präsentieren und möglichst Applaus dafür zu ernten, mindestens aber die Unterschrift des Mitarbeitenden. Und das gelang ihm. Wie genau er seine Überzeugungsarbeit gestaltete, sollte einige Monate später offenkundig werden. Spätestens als es aus den Reihen der Mitarbeitenden hieß:»Uns wurde gesagt, wir bekommen 10 % Gehaltserhöhung, wenn wir unterschreiben«, war klar, dass die große Zustimmung auch mittels großzügiger Versprechungen erwirkt worden war. Natürlich wies der Frühstücksdirektor jede Verantwortung weit von sich und deklarierte das Ganze als ein großes Missverständnis.

Apropos Missverständnis. Davon gab es überabzählbar viele, kleine wie große. Missverständnisse säumten den Weg des Frühstücksdirektors und natürlich fragte er sich dabei, woher nur alle diese Geisterfahrer und -fahrerinnen kamen. Für jene, die vermeintlich falsch unterwegs waren, war die Situation undurchsichtig. In den ersten Monaten der Zusammenarbeit mit dem Frühstücksdirektor fragten diese sich permanent, was wohl mit ihnen los sei, warum sie plötzlich so oft etwas falsch verständen oder falsch erinnerten. Bis, ja bis ihnen irgendwann klar wurde, dass der Frühstücksdirektor selbst irrlichternd falsch aufgefahren war, aber völlig unbeirrt mit Hut auf dem Kopf und strammen Blickes weiter geradeaus fuhr. Da konnte man sich wirklich nur wundern.

Verwunderlich auch immer wieder, dass der Frühstücksdirektor während der Meetings regelmäßig mit schweren Augenlidern zu kämpfen hatte und, wenn er den Kampf verlor, einschlief. Das hinderte ihn aber in keinster Weise, am Ende des Meetings gut gelaunt eine Zusammenfassung des Treffens zu geben, sich für das große Engagement aller zu bedanken und die Teilnehmenden aufs Herzlichste zu verabschieden. Bis klar wurde, dass es sich damit wie mit dem Whiteboard verhielt: Er sagte tatsächlich immer das Gleiche, aber mit einer Grandezza, die einfach darüber hinwegtrog. Beeindruckend. Der Frühstücksdirektor at its best!

Anfang und Ende von etwas waren wirklich seine Sache. Wären da nur nicht diese lästigen und unabwendbaren Dinge zwischen Anfang und Ende gewesen, wie etwa Aufgaben, Pflichten, Termine und Zusagen. In dieser Spanne zwischen Anfang und Ende fand der Frühstücksdirektor genau genommen nicht statt, zumindest mit nichts Konstruktivem. Er hatte und konnte nichts, was in dieser Phase einen Mehrwert stiftete. Das Problem war, dass das Unternehmen eine Weile brauchte, um dies zu bemerken, und so lange sorgte der Frühstücksdirektor mit seiner Inkompetenz für gehörige Unruhe. Selbstverständlich sagte er, wie es seine Art war, mit Freude alles zu. Fragte sogar regelmäßig, ob es auch etwas mehr sein dürfe. Mache er doch gerne! Nur dann … dann kam nichts. Wirklich nichts. Zu dem Nichts befragt und damit konfrontiert, dass doch eigentlich stattdessen ein definiertes Etwas abgesprochen worden sei, schaute der Frühstücksdirektor mit großen Augen und entgegnete in aller Seelenruhe, dass dem nicht so sei. Punkt. Ob dieser unbefangenen Dreistigkeit brauchte es einen Moment, die eigenen Sinne zu justieren. Da war es wieder, das Gefühl, auf der falschen Spur unterwegs zu sein. Aber stopp, da fuhren ja noch sieben andere vor und hinter einem, nur der Frühstücksdirektor winkte freundlich aus Richtung Gegenverkehr, Hut auf und lächelnd. Der Frühstücksdirektor kam so harmlos daher. Das war er aber nicht, im Gegenteil. Er war auf seine persönliche Vorteilsnahme bedacht. Nicht scharfsinnig, eher konsternierend dreist, als er zum Beispiel noch nicht als Personalleiter, aber eben wie ein echter Frühstücksdirektor nach seinem eigenen Vorstellungsgespräch eine Mitarbeiterin aufforderte, ihm doch mal für ein paar Momente ihren Firmenausweis auszuleihen, er wolle nur mal kurz im Mitarbeitershop einkaufen. Als er dann mit dem eigenen Ausweis dort einkaufen konnte, dehnte er seinen Wirkungskreis auf die Kooperation von Firma und Familienmitgliedern aus und ermöglichte einem aus seiner Sippe den beruflichen Start in ›seinem‹ Unternehmen. Qualifikation vorausgesetzt, wäre das hier nicht erwähnenswert, wenn, ja wenn nicht der Frühstücksdirektor sein Familienmitglied mit den Worten inthronisiert hätte:»Jetzt habe ich meinen Spion vor Ort!« Und wenn, ja wenn nicht ebendieses Familienmitglied später seinen Kolleginnen und Kollegen erzählt hätte, dass der Frühstücksdirektor beim Abendessen zu Hause natürlich einen Rapport wünsche.

Was dazu führte, dass der Frühstücksdirektor eines Tages die Führungskraft des Familienmitgliedes in sein Büro zitierte. Das Whiteboard dort kennen Sie ja schon. Die Führungskraft, ihres Zeichens Schichtleiter und damit drei Hierarchiestufen unterhalb des Frühstücksdirektors verortet, hatte in den Augen des Frühstücksdirektors das Familienmitglied nicht gebührend behandelt. Also stellte der Frühstücksdirektor den armen Schichtleiter, der sich zudem keiner Schuld bewusst war, in den Senkel, um ihn dann mit den Worten zu verabschieden:»Ich bin nicht sicher, ob ich Sie jetzt noch vor einer Kündigung schützen kann.« Nein, harmlos war er wirklich nicht und wieder mal war sein Gespür für die Pointe am Ende untrüglich.

Sein Hang zur Verquickung von Privatem und Beruflichem, Firma und Familie und die Entfremdung von der eigenen Leistung zeigte sich auch, als er eine geforderte, aber abgelehnte Gehaltserhöhung mit dem Satz kommentierte:»Meine Frau sagt auch, so etwas haben wir noch nie erlebt.«

Irgendwann wird die Nichtleistung des Frühstücksdirektors unübersehbar. Zumindest für alle anderen. Dann muss er seinen Hut nehmen. Ganz Frühstücksdirektor fährt er mit diesem auf dem Kopf vom Hof, unbeirrt und strammen Blickes geradeaus zur nächsten Auffahrt. Rechts? Links? Egal!

Zufällig war dieser Frühstücksdirektor nebenberuflich kommunaler Würdenträger. Vielleich trifft dort die zu Beginn zitierte Definition besser zu:»Ein Frühstücksdirektor besitzt keine Weisungsbefugnis und verfolgt keine Sachziele – er konzentriert sich auf Repräsentationsaufgaben.« Gut so. Für alle Beteiligten.

Fazit

Der Frühstücksdirektor bietet zwei Erlebniswelten:

1. Eindruck: freundlich, zugewandt, souverän, kommunikations- und kontaktstark. Ein echter Sympathieträger.

2. Eindruck: einfältig mit viel Dünkel – keine praktischen Fertigkeiten, kein methodischer und konzeptioneller Hintergrund und auch kein Vermögen als Führungskraft. Dafür eine gehörige Portion Selbstgefälligkeit und Vermessenheit.

Der Frühstücksdirektor mäandert gut gestimmt mit einem netten Spruch auf den Lippen durchs Unternehmen. Hält man ihn konsequent fern von darüber hinausgehenden Aufgaben, begrenzt man seinen Schaden. Der ansonsten immens sein kann. Seinen Einflussbereich gilt es ebenfalls zu kontrollieren, da er zur Vorteilsnahme und Autoritätsausnutzung neigt. Er ist sich seines Amtes sehr wohl bewusst, trägt dem äußerlich Rechnung und unterscheidet konsequent zwischen ›über ihm‹ und ›unter ihm‹. Wer unter ihm in der Hierarchie agiert, sollte es bei einem ebenfalls freundlichen Lächeln und einem »Guten Morgen, Herr Direktor« belassen. Von Gleichgestellten fühlt er sich unangemessen behandelt, wenn er zum Beispiel unterbrochen wird oder (am Anfang und Ende) nicht hinreichend zu Wort kommt. Denen, die sich in der organisationalen Hierarchie über dem Frühstücksdirektor befinden, gehorcht er bis zur Selbstverleugnung und führt aus, was immer gewünscht wird. Allerdings nicht ohne darauf hinzuweisen, dass das ›die da oben‹ entschieden hätten.

Seine Mitarbeitenden stört er nicht, unterstützt sie aber auch nicht. Er hat keine Ahnung von dem, was sie tun, und kann daher weder die Arbeitsgüte noch den Arbeitsumfang bewerten und würdigen.

So ist er, der Frühstücksdirektor: sicheres Auftreten bei totaler Ahnungslosigkeit. Dabei ist er freundlich, aber nicht nur nett. Kommentar seiner Kolleginnen und Kollegen nach zwei Jahren der Zusammenarbeit:»Der ist über.« Stimmt.

Typische Verhaltensmuster und Sprachbeispiele

Feedbackverhalten

Der Frühstücksdirektor kennt die Vokabel ›Feedback‹. Das muss reichen. Er hat zwar eine Meinung zu dem, was andere tun. Manchmal zumindest. Diese so zu teilen, dass beide Seiten profitieren könnten, ist aber ein Ding zwischen Anfang und Ende. Und das ist nicht sein Ding. Feedbacknehmen wird ihm spurenelementhaft möglich, wenn es in geradezu therapeutisch familiärer Atmosphäre, vor Geduld und Zuwendung triefend, erfolgt. Was im beruflichen Alltag zum Showstopper wird.

Kommunikationsverhalten

Immer einen freundlichen Gruß auf den Lippen, oft auch einen humorvollen Kommentar. Gerne auch ein Gespräch über Privates. Der Frühstücksdirektor gibt zumindest unter Gleichgestellten etwas preis. Solange es nicht um die Arbeit geht und keine Forderungen erhoben werden oder Kritik geübt wird, ist es nett und plauschig mit dem Frühstücksdirektor. Er hat auch immer genug Zeit und ist so herrlich ungestresst.

Arbeitsverhalten

So herrlich ungestresst ist der Frühstücksdirektor, weil sein Kalender, bis auf ein paar Regelmeetings, leer ist, wie auch sein Schreibtisch, und sich zudem selten jemand in sein Büro verirrt. Der Frühstücksdirektor schreibt grundsätzlich nichts mit. Darauf angesprochen entgegnet er lapidar:»Das habe ich alles in meinem Kopf.« Seine Mitarbeitenden halten das Routinegeschäft von ihm fern und puffern auch tagesaktuelle Anliegen. Mehr findet nicht statt. Der Frühstücksdirektor geht pünktlich nach Hause.

Persönliches Verhalten

Ich mache es kurz: nett, aber nullig, mit einem Hang zur Selbstbedienung und zu gelegentlichem Darthvadern, wenn man ihm oder den Seinen zu nahe tritt.

Ein typischer Dialog zu einem x-beliebigen Thema

Ein Kollege:»Wir starten nächste Woche mit der Phase 2 unseres Projektes. Voraussetzung dafür ist der erfolgreiche Abschluss von Phase 1. Herr Frühstücksdirektor, wie ist der Workshop zum Abschluss von Phase 1 gelaufen?«
Der Frühstücksdirektor:»Workshop? Welcher Workshop?«
Ein Kollege:»Der Workshop, der im Projektplan für die vergangene Woche terminiert ist und den wir heute evaluieren wollen.«
Der Frühstücksdirektor:»Welcher Projektplan?«
Ein Kollege:»Der Projektplan zum Jahresprojekt x. Sie sind Teilprojektleiter in Phase 1.«
Der Frühstücksdirektor:»Ja, ja, alles in Ordnung, den Workshop mache ich noch.«
Ein Kollege:»Aber der hätte schon letzte Woche gemacht werden müssen, sonst können wir das Projekt nicht fortsetzen.«
Der Frühstücksdirektor:»Ich lade die Teilnehmer ein. Alles gut.«

Der Kollege: »Die sind noch nicht eingeladen?«

Der Frühstücksdirektor: »Nein, das hatten wir so nicht besprochen oder wo steht, ich solle die Teilnehmer einladen?«

Der Kollege: »Im Projektplan steht, dass Sie letzte Woche diesen Workshop hätten machen sollen.«

Der Frühstücksdirektor: »Aber nirgendwo steht, dass ich Teilnehmer einladen soll. Das haben wir so nie gesagt.«

Was könnte der Frühstücksdirektor reflektieren?

Nett, aber nullig reicht nicht. Der Frühstücksdirektor ist eine Vorläuferversion des Feelgood-Managers. Und auch der muss sein Handwerk beherrschen. Keine Kohle ohne Kompetenz. Der Frühstücksdirektor sollte sich täglich fragen: Was war heute mein Mehrwert für das Unternehmen, das mich bezahlt?

Führung ist Pflicht. Führungskraft ist kein Etikett, sondern Verdienst und Verpflichtung. Der Frühstücksdirektor sollte sich täglich fragen: Wen in meinem Team habe ich heute womit unterstützt und wie weitergebracht?

»Mach dir die Hände dreckig.« Alles selbst machen wollen ist ein weit verbreitetes Problem bei Führungskräften. Nicht beim Frühstücksdirektor. Dessen Problem ist ein anderes: Machen lassen müssen, weil selbst nichts können. Der Frühstücksdirektor sollte den Taschenrechner mit dem PC tauschen und vom MS-Office-Kenner zum MS-Office-Könner werden. Und er sollte bitte aufhören, seinen Kopf zu überschätzen! Und sich stattdessen Notizen über Zusagen, Absprachen, Inhalte und Termine machen.

Das Ergebnis zählt. Der Frühstücksdirektor sollte sich jeden Freitag fragen: Welche Sache habe ich diese Woche fertiggemacht? Was habe ich zum Ende geführt? Wo habe ich einen Beitrag geleistet, dass ein Problem gelöst wurde oder ein Fortschritt entstanden ist?

Selbstentwicklung statt Selbstbedienung. Der Frühstücksdirektor sollte das Unternehmen nutzen, statt es zu benutzen. Er sollte in sich investieren, sich ein Coaching oder den Weg in die digitale

Welt finanzieren lassen. Davon haben alle Beteiligten etwas und insbesondere der Frühstücksdirektor selbst.

Tipps an die Mitarbeitenden eines Frühstücksdirektors

Hier ist ›Führen nach oben‹ das Motto. Führen Sie Ihren Frühstücksdirektor und führen Sie ihn eng. Vereinbaren Sie ein tägliches kurzes Stand-up mit ihm. Fünfzehn Minuten reichen völlig, teilen Sie Informationen, holen Sie sich Entscheidungen, bitten Sie um Zuarbeit, falls nötig, und halten Sie das Besprochene fest. Gerne auf dem Whiteboard im Büro des Frühstücksdirektors und besser vielleicht noch per E-Mail, deren Eingang Sie sich, ebenfalls schriftlich, bestätigen lassen.

Der Sonnyboy

Die Geschichte

Der Sonnyboy wollte raus. Er wollte Freiheit. Schwierige Wünsche für einen jungen Mann, der gerade seine Jugend in der DDR erlebte. Doch plötzlich waren die Grenzöffnungen absehbar, aus zwei Staaten fügte sich zusammen, was zusammengehörte. Sie erinnern sich. Pünktlich zum bestandenen Abitur stand dem Sonnyboy somit, lange unerwartet, die Welt offen. Und der Sonnyboy plante seine nächsten Schritte strategisch. Einem BWL-Studium an einer der renommierten Universitäten in Berlin folgte ein kurzer Studienaufenthalt in den USA in den Fächern Strategie und M&A. Ergänzt um eine dortige kurzfristige berufliche Tätigkeit erwarb er sich eine schöne Eintrittskarte für einen konservativen Großkonzern als Mitarbeiter der Strategieabteilung, wo die Geschichte beginnt.

»Hi, mein Lieber! Du bist der Michael, oder?«, begrüßte der Sonnyboy eines Tages einen neuen Kollegen einer anderen Abteilung, während er dessen Büro kaperte. »Ich bin der Marc, kannst du mir mal ein paar Zahlen über die X GmbH geben? Das ist total lieb von dir!« Der noch neue Mitarbeiter war überrascht. Da kam ein Typ in sein Büro – ohne zu klopfen, aber sei's drum –, duzte ihn sofort, was in der Firma ungewöhnlich war, war dabei aber keineswegs unsympathisch, sondern hatte irgendwie ein angenehmes Wesen. »Great look outside from your side of the building! Das wusste ich gar nicht!« Der Sonnyboy hatte eine Vorliebe für das erratische Mischen von Deutsch und Englisch und sprach mit übertriebenem amerikanischem Akzent.

Während der junge Kollege die angefragten Daten heraussuchte, unterhielt er sich blendend mit dem Sonnyboy. Die inhaltlichen Fragen, die er stellte, um die notwendige Eingrenzung der Daten vorzunehmen, beantwortete der Sonnyboy lapidar: »Mach mal, wie du es für richtig hältst!« Aber sympathisch und angenehm locker war der Kollege in jedem Fall.

Der Sonnyboy kam überall im Konzern gut an. Er ging ohne

Scheu vor Hierarchien auf seine Ansprechpartner und -partnerinnen zu, konnte auch wichtige Geschäftsführer für sich einnehmen und war überall in dem ansonsten knochentrockenen Konzern ein gern gesehener Gast.

Gemeinsam mit dem einzigen weiteren Kollegen in seiner Abteilung erstellte der Sonnyboy Strategiesteckbriefe, ersann großartige M&A-Strategien, erfreute sich an seinem großen Büro und genoss das Leben. Seine Führungskraft stand kurz vor dem Ruhestand und ließ die zwei jungen Mitarbeiter schalten und walten, solange sie ihm keinen Ärger bereiteten.

»Good morning everybody! Let's talk about the deal: Der KPI für die Cash-Flow-Burn-Rate ist ziemlich tight, da müssen wir sicherstellen, dass es nicht zum Overflow kommt, aber ansonsten ist der Deal safe. Wir jagen ein Clean Team durch den Data Room und dann sollen die Meckies den Deal fixen!« Mit solchen oder ähnlichen Redebeiträgen, die immer durch und durch mit mehr oder weniger passenden Amerikanismen gespickt und dabei manchmal inhaltlich angreifbar waren, stellte der Sonnyboy üblicherweise seine Projekte, hier ein kleineres M&A-Vorhaben, dem Vorstand vor. Dem CEO gefielen der frische Stil und die stets gute Laune des jungen Referenten und das zählte. Der CFO hingegen stellte üblicherweise Fragen wie: »Sind die Zahlen für diesen Business Case überhaupt abgestimmt mit dem Controlling?«. Die Antwort war stets eine charmante Umschreibung für den Tatbestand, dass die Abstimmung bei einem gemeinsamen Mittagessen erfolgt sei, allerdings ohne dabei in die Zahlen zu schauen. Der CFO mit all seiner Detailverliebtheit kochte innerlich, hielt sich aber zurück, nicht ohne den Sonnyboy aufzufordern, entsprechende Erläuterungen und Analysen nachzureichen.

Der Sonnyboy tat sein Bestes, aber das Abdriften in Details war für ihn immer verlorene Zeit, die er besser nutzen konnte. Er hatte schon wieder den nächsten Deal vor Augen und bemühte sein respektables Netzwerk um grobe Informationen. Sollte die Aufbereitung gerne jemand anders übernehmen, er würde da sicherlich noch jemanden finden, der ihm das abnehmen könnte.

Einige Zeit später ging der Chef des Sonnyboys in den Ruhestand, sein Kollege als einziger Konkurrent für die Nachfolge hatte glücklicherweise kurz zuvor gekündigt, sodass der Weg auf den Chefsessel frei war. Wieder eine Transaktion gelungen.

Er stellte einen jungen neuen Mitarbeiter ein und leitete fortan ein Miniteam, das außer dem Rookie und ihm selbst nur noch aus der alteingesessenen Sekretärin bestand, von der niemand so recht wusste, was sie den Tag über tat. Mit den modernen Office-Methoden hatte sie es jedenfalls nicht so. Der Sonnyboy und sie ließen sich gegenseitig in Ruhe. Dem jungen Mitarbeiter warf der Sonnyboy immer mal wieder unaufbereitete Themen über den sprichwörtlichen Zaun und der junge Mann war glücklicherweise ungewöhnlich clever, sodass er sich aus den Informationsbruchstücken stets sinnvolle Arbeitsaufträge generierte.

Der Sonnyboy war am Ziel. Sein Leben war perfekt. Er wurde gemocht von allen, die ihn kannten, erhielt ein fürstliches Gehalt und hatte beruflich alle Freiheiten. Die ihm ungeliebten Detailaufgaben verrichtete sein junger Mitarbeiter.

Alles hätte so schön sein können, wenn nur sein Chef, der CEO, nicht das Unternehmen verlassen hätte und der CFO nachgerückt wäre. Sie ahnen, was folgt: Der Sonnyboy musste seinen Hut nehmen, da es menschlich zwischen ihm und seinem neuen Herrn gar nicht funktionierte.

Über einige Umwege fand sich unser Sonnyboy einige Zeit später in einem noch größeren Konzern wieder.

»Hallo zusammen, great to see you, good to be here!« So oder so ähnlich musste das Bewerbungsgespräch des Sonnyboys verlaufen sein. Er erklärte sich, sympathisch wie immer, nebenbei zum Datenbankexperten und zum Spezialisten für spieltheoretische Ansätze in M&A-Projekten. Okay, das war vielleicht etwas hoch gegriffen, aber er hatte sogar mal ein Buch zur Spieltheorie gelesen. Jedenfalls fast.

Sein neues Team war erheblich größer, er sollte einen Bereich mit fast fünfzig Mitarbeitenden führen, denen er sich voller Motivation als vormals jüngster Strategy Director (ja, so bezeichnete er sich selbst) in einem DAX-Konzern vorstellte. Diejenigen, die das nachvollzogen, kamen schnell darauf, dass das etwas geschwindelt sein musste. Um etwa zehn Lebensjahre. So jung konnte er gar nicht gewesen sein.

Was in den Monaten danach folgte, war das personifizierte Chaos. Der Sonnyboy war überall und nirgends, baute sein Netzwerk enorm schnell auf und kam fast täglich mit neuen Projekten auf die ihm nachgeordneten Abteilungsleiter zu, die ihrerseits ihre Teams führen mussten.

»Chef, wir können nicht alles parallel beginnen! Womit sollen wir nun anfangen?«, fragte ihn einer der Abteilungsleiter.

»Danke für die Frage! We'll come back to this matter later!« war eine ganz typische Antwort. Darüber hatte er sich noch keine Gedanken gemacht, er nahm sich aber fest vor, alle Projekte einmal in Ruhe zu priorisieren. Die Bedienung der üblichen Softwaretools gehörte nicht gerade zu seinen Stärken. Zudem funktionierte sein überalterter Computer nicht mehr so zügig wie gewohnt. Das neue Gerät war ihm bereits zugegangen, aber er scheute den Aufwand der Inbetriebnahme, obwohl ihm seine Sekretärin immer wieder ihre Hilfe anbot. Die Abteilungsleiter führten ihre Teams so gut es ging, wünschten sich selbst allerdings auch verbindliche Leitlinien vom Sonnyboy, nur dass diese nie kamen.

Schnell merkte der Sonnyboy auch, wie sich das kulturelle Klima bei seinem neuen Arbeitgeber von seinen bisherigen Erfahrungen unterschied. Die gleichen Kolleginnen und Kollegen, die ihn vordergründig herzlich begrüßt hatten, waren nach kurzer Zeit bereits hinter seinem Rücken dabei, ihn in der Vorstandsetage in Misskredit zu bringen, seine Arbeit und vor allem seine Führungsqualitäten infrage zu stellen. Da das unstrukturierte Gewusel in seinem Bereich weithin für alle sichtbar war, war der zuständige Vorstand nicht gänzlich überrascht, wollte dem Sonnyboy aber noch einige Monate Zeit einräumen, damit dieser sich in der neuen Umgebung zurechtfinden konnte.

Als dieser Zeitraum verstrichen war, wurde auch dem Sonnyboy langsam klar, dass das vermeintlich so wunderbare Unternehmensaquarium, in das er sich begeben hatte, wohl doch eher ein stattliches Haifischbecken war. Das war alles ein bis zwei Nummern zu groß für den Sonnyboy.

Den Rest überlassen wir der Fantasie der Leserschaft.

Fazit

Der Sonnyboy war ein überaus angenehmer Zeitgenosse. Beruflich hatte er ein Ziel: im großen Business ›mitzumischen‹. Er ging es richtig an, verschaffte sich eine hervorragende Ausbildung und den richtigen Arbeitsplatz, wo er zu Beginn auch extrem gut ankam. Er verfügte in Teilen über die Visionskraft eines CEOs und hatte es tatsächlich weit gebracht. Nur stolperte er über seine eigenen Schwächen: Alle Tätigkeiten, die mit Routine, Termineinhaltung, gar Administration oder Durchhaltevermögen zu tun hatten, waren ihm verhasst. Ebenso die Entscheidung für das konsequente Beschreiten einer Richtung. Das dabei entstehende Chaos konnte auch sein Team nicht kompensieren, weil es keine Entscheidungen vom Sonnyboy bekam. Und die ständigen englischen Buzzwords, die er in sein Reden einstreute, entfalteten nach einiger Zeit auch nicht mehr die beabsichtigte Wirkung. Der Sonnyboy wirkte nicht mehr wie ein international erfahrener Topmanager (obwohl er durchaus über einige solcher Erfahrungen verfügte), sondern eher wie ein etwas peinlicher Blender.

In der Führung seiner Mitarbeitenden traf er ebenso eine fatale Fehlannahme: Er ging immer davon aus, dass die hochqualifizierten und erfahrenen Spezialisten und Expertinnen, die er in seinem Team vereinigt hatte, keine Führung benötigten, da sie selbst ihre Aufgaben priorisieren und mit Fragen wohl auf ihn zukommen würden. So waren seine Mitarbeitenden dem Sonnyboy gegenüber ambivalent: Einerseits war er ein angenehmer Zeitgenosse, aber andererseits eine schwache Führungskraft. Kämpfe, die er für seine Teammitglieder einging, verlor er regelmäßig. Man konnte also von ihm keine wirksame Unterstützung erwarten, auch wenn er sich bemühte.

Somit stolperte der Sonnyboy über seine Defizite. Ein Zurück konnte es allerdings nicht geben, insofern musste er mit immer mehr operativer Hektik dafür sorgen, dass er und sein Bereich im Spiel blieben und man ihm eine Existenzberechtigung zusprach. Ein Tanz auf dem Drahtseil.

Typische Verhaltensmuster und Sprachbeispiele

Feedbackverhalten

Der Sonnyboy scheut Konflikte. Daher gibt er seinen Mitarbeitenden ausschließlich positives Feedback. Dieses tut er überaus gerne auch in Anwesenheit anderer Abteilungen, um die hervorragenden Leistungen und den ›great effort‹ seines Teams herauszustellen. Wird er von anderen Führungskräften attackiert, zum Teil auch auf unfaire Weise, verzichtet er ebenso auf direktes Feedback. Statt des Setzens von Grenzen besteht seine bevorzugte Gesprächsstrategie in der Deeskalation und in der Verstärkung von Gemeinsamkeiten.

Kommunikationsverhalten

Der Sonnyboy kommuniziert direkt, sofern es nicht um persönliche Kritik an seinen Mitarbeitenden geht. Hier scheut er den Konflikt und wird Tadel nur im äußersten Notfall äußern, dann eher vorsichtig und indirekt. Er ist erreichbar für seine Mitarbeitenden und unterstützt bei offenen Fragen. Nur Hilfe, die über ein Telefonat hinausgeht, darf man von ihm nicht erwarten.

Arbeitsverhalten

Der Sonnyboy ist keineswegs faul. Nur leider ist er beim Ordnen seiner aktuellen Aufgaben außerordentlich chaotisch. Er will alles gleichzeitig erledigen, ohne dabei zu tief in Details abzutauchen. Nimmt er sich vor, in einem bestimmten Zeitfenster ein Thema abzuarbeiten, wird er zwischendurch feststellen, dass es noch mindestens fünf andere Themen gibt, die gerade jetzt von ihm zu bearbeiten wären. Er liebt es, sich ablenken zu lassen, was dazu führt, dass er am Ende des Tages kaum etwas erledigt hat. Die nicht erledigte Arbeit lächelt er weg und gibt in den entsprechenden Runden dann eher eine Meinung im Sinne eines Allgemeinplatzes ab.

Persönliches Verhalten

Der Sonnyboy ist im Kern ein Menschenfreund, der mit keiner seiner beruflichen Kontaktpersonen im Streit liegen möchte. Wird es in Gesprächen einmal erforderlich, dass er seine Meinung auch gegen deutliche Widerstände vertritt, so gelingt ihm bisweilen zwar eine Gesprächseskalation, aber nach wenigen Minuten versucht er dabei wieder, auf den Deeskalationspfad einzubiegen.

Seine Mitarbeitenden können sich nicht über ihn beklagen. Er ist freundlich und fordert Einsatz in einem fairen Maß. Als Teammitglied sollte man sich nur nicht auf ihn verlassen, wenn er eine Aufgabe mitgenommen hat, die schwierig zu bewältigen ist und für die er sich gegebenenfalls auch gegen Widerstände durchsetzen muss, denn er scheut den Konflikt.

Ein typischer Dialog zu einem x-beliebigen Thema

Mitarbeiter (X): »Chef, wir hatten doch über die Gehaltserhöhung gesprochen, die ich bekommen soll. Ist da schon etwas abgestimmt mit der Personalabteilung?«

Sonnyboy (S): »Die haben sich noch nicht gerührt. Aber ich haue da jetzt ganz hart auf den Putz. Das dauert echt schon zu lange.«

Vier Wochen später.

X: »Gibt es da nun schon etwas Neues?«

S: »Haben die sich nicht bei dir gemeldet? Das gibt's ja nicht. Das hat mir die Sabine aus dem HR-Bereich aber fest zugesagt. Die nehme ich mir mal richtig vor!«

Weitere vier Wochen später.

X: »Also Chef, es wäre echt schön, wenn ich jetzt auch die Gehaltserhöhung bekomme. Gibt es da ein Problem?«

S: »Hey, mein Lieber, das tut mir total leid! Ist da immer noch nichts passiert? Also, jetzt gehe ich zum Vorstand. Dann passiert da was. Versprochen …«

(Mit Chance auf Erledigung in etwa weiteren zwanzig Wochen.)

Was könnte der Sonnyboy reflektieren?

Der Sonnyboy könnte eine großartige Führungskraft sein. Er sollte allerdings einsehen, dass der grobe Überflug über Themen und eine fehlende Detailarbeit kein gutes Erfolgsrezept für die eigene Karriere sind. Das Führen eines Teams von fünfzig Mitarbeitenden ist trotz einer entsprechenden Substruktur ein Stück echte und wichtige Arbeit. Diese ist nicht damit getan, dass man Themen ›über den Zaun wirft‹ und von Zeit zu Zeit mit weiteren zufällig erhaltenen Informationsbrocken garniert, sofern man diese irgendwo aufgeschnappt hat. Auch hierfür ist die Organisation des eigenen Tuns wichtig.

Tipps an die Mitarbeitenden eines Sonnyboys

Treten Sie Ihrem Chef offen gegenüber, er wird es auch tun. Und seien Sie unbesorgt: Er hegt keine Hintergedanken, er ist wirklich so ein freundlicher Mensch.

Seien Sie umgekehrt nicht enttäuscht, wenn er Zusagen nicht einhält. Er wird Ihnen alles ermöglichen, was die Regelwerke des Unternehmens problemlos hergeben und wofür er nicht hart kämpfen muss. Sie möchten zu einer teuren Schulung? Kein Problem, solange das nicht irgendwo auffällt. Eine Gehaltserhöhung? Gerne, solange es keine Rückfragen seitens der Personalabteilung gibt.

Er gönnt seinen Mitarbeitenden tatsächlich Annehmlichkeiten, aber er ist kein Kämpfer, der schwierige Konflikte erfolgreich austragen könnte. Daher rechnen Sie in diesen Fällen besser nicht mit Erfolgen. Seien Sie nicht traurig, es liegt nicht an Ihnen. Ihr Chef bekommt es einfach nicht hin.

Teil 2: Die Pathologisch-Problematischen

Der Sonnenkönig

Die Geschichte

»Sie werden viel Freude miteinander haben!« Diese Bemerkung des General Managers ging meiner ersten Begegnung mit dem Sonnenkönig voraus. Und sie sollte sich als ein verheerender Irrtum erweisen, für mich und einige Menschen mehr. Aber von Anfang an. Der Sonnenkönig reiste zu unserem gemeinsamen Projekt aus China an. Dort hatte er die vergangenen anderthalb Jahre gearbeitet. Der Wechsel back to Germany kam ihm sehr gelegen, da in China die Ausweisung drohte. Der Grund dafür? Sagen wir, ein ›Regelverstoß‹. Dazu später mehr. Hier nur so viel, dass es zwei untrügliche Indizien für den Typus ›Sonnenkönig‹ gibt: 1.) sein Verhältnis zu Regeln und 2.) seine kurze Verfallszeit.

Zurück zu unserem ersten Treffen. Es war bestimmt von dem, was den Sonnenkönig auf den ersten Blick ausmacht: Er strahlte dermaßen, dass ich unwillkürlich nach der Sonnenbrille greifen wollte. Kennen Sie das, wenn es einfach von allem ein bisschen zu viel ist? Zu viel Zähne, zu viel Lachen, zu viel Gestik, zu viel Posing.

Wir waren ein kleines Team mit einer großen Aufgabe. Es ging darum, ein Luxushotel zu eröffnen. Ach, was sage ich, es ging darum, DAS Luxushotel zu eröffnen. In den folgenden sechs Monaten sollte der zugegeben kolossale Bau fertiggestellt werden. Wir als Managementteam arbeiteten parallel in unseren angemieteten Büros an allem, was dieses Gebäude zu einem der führenden Hotels in Deutschland oder gar Europa machen sollte: über 200 exzellente Mitarbeitende, deren Rekrutierung und Einarbeitung, eine exquisite Gastronomie, traumhafte Zimmer, verzückende Services und viele liebevolle Details. Der Sonnenkönig verantwortete den gesamten gastronomischen Bereich, dazu gehörten Restaurants, Banketträume und standesgemäß ein Ballsaal. Das alles war wie gemacht für den Sonnenkönig: erlesene Weine, exklusive Speisen, Silberbesteck, Meißener Porzellan und edles Tuch. Er schöpft eben gerne aus dem Vollen. Und er war erfolgreich bei dem, was er tat.

Menschen, die sich beworben hatten, kamen mit glänzenden Augen aus dem Vorstellungsgespräch mit ihm und wollten nur noch wissen, wo sie ihren Arbeitsvertrag unterschreiben durften. Er verzückte und begeisterte die Menschen. Was er übrigens heute noch tut.

In diesen ersten Wochen des Pre-Openings beschränkten die äußeren Gegebenheiten den Sonnenkönig in gewisser Weise, es war ein wenig schattig. Kleine, schmucklose Büros, er teilte sich seines zudem mit einem Kollegen. Ein ebenfalls kleines Team gleichrangiger Mitglieder – keine Staffage, keine Entourage. Alles ein bisschen gewöhnlich. Was der Sonnenkönig auch entsprechend kommentierte. Dann aber kam er, der große Tag des Umzugs. Wir verließen unsere angemieteten Büros und zogen in dieses unglaublich schöne Gebäude, das mit Innenhof, Arkaden, Balustraden & Co. einen Hauch von Versailles verbreitete. Es war, als würde diese Hülle nur darauf warten, von jemandem wie dem Sonnenkönig bezogen und mit Leben erfüllt zu werden. Ab nun residierte er und hielt Hof. Endlich passte das Äußere zum Inneren. Jetzt gab es kein Halten mehr.

Prunk und Protz prägten den Sonnenkönig. Seine Eitelkeit war grenzenlos. Er legte Wert auf das gut positionierte, große Büro mit den vielen Fenstern. Und seine Kleidung war ihm teuer. Die Anzüge waren Maßanzüge. Hemden trug er ausschließlich mit Manschettenknöpfen und zusätzlich prangte auf der Manschette das gestickte Monogramm. Spiegeln konnte er einfach nicht widerstehen. Im Vorzimmer des General Managers hing ein solcher. Vor jedem Meeting, das der Sonnenkönig mit ihm hatte, prüfte er dort sein Äußeres, Anzug, Manschetten, Haar und sogar die Zähne, über die er – ›schnalz‹ – noch einmal gründlich mit der Zunge fuhr. Jedes Mal beobachtet von der Vorzimmerdame. Das tangierte den Sonnenkönig aber gar nicht, weil Vorzimmerdame gleich Bedienstete, also quasi unsichtbar. Er changierte in Nuancen von Feudalismus. Manchmal mühsam getarnt durch einen Anstrich von Moderne. Aber dann kam sie auch gleich wieder durch, die Gold- und Lamettaschicht. Er mochte das Höfische und alles, was damit einherging: Höflinge und Hof halten. Ein Zuviel gab es nicht. Sein Credo: »L'État, c'est moi«, der Staat bin ich! Für ihn galten nur seine eigenen Regeln. Auch im Vorzimmer des General Managers.

Und natürlich erst recht in seinem eigenen. Dort verfügte er, dass seine Assistentin nicht ihre private Kleidung tragen, sondern als Arbeitskleidung eine schicke Uniform bekommen sollte. Nicht, dass es sonst keine Uniformen gegeben hätte. In der Hotellerie sind Uniformen selbstverständlich für diejenigen am Empfang, in der Gastronomie und im Zimmerservice. Aber nicht in der Verwaltung. Was den Sonnenkönig aber nicht im Geringsten kümmerte. Also hopp, hopp, eine Uniform für seine Assistentin. Zum eigenen Regelwerk gehörte auch, dass er einzelnen Mitarbeitenden Gehälter zusagte, die das Gehaltsgefüge mal eben ad absurdum führten. In einem Fall kam erschwerend hinzu, dass der Sonnenkönig es so gar nicht mit Zahlen hatte. Musste der Sonnenkönig vielleicht auch überhaupt nicht, genau genommen wäre es für ihn sogar hinderlich. Rechnen, was für eine Banalität. Er handelte nach dem Grundsatz der unerschöpflichen Ressource kraft Befehls. Deswegen bekam eine Mitarbeiterin, die anlässlich einer Silvestergala die Kasse führte, einen Stundenlohn, über den sie sich heute noch, viele Jahre später, so richtig freut. Da der Sonnenkönig brutto und netto nicht überschlagsweise umrechnen konnte – pfui, so was Profanes aber auch –, sagte er ihr, um sie zu gewinnen (sie hätte frei gehabt und immerhin war Silvester), einen opulenten Stundenlohn zu und besiegelte ihn mit dem Satz »Brutto wie netto!«. Controllerin wie Lohnbuchhalterin fiel nach Neujahr das Make-up aus dem Gesicht. Der Controllerin ob der Höhe des Gehaltes, der Lohnbuchhalterin, weil sie den zugesagten Nettobetrag mühsam in die Bruttobezüge umrechnen musste.

Der Sonnenkönig schmückte sich auch gerne mit fremden Federn, aber natürlich nicht irgendwelchen. Es mussten schon die größten und farbenprächtigsten sein, Pfauenfedern. Er versammelte hochtalentierte und enorm leistungswillige junge Menschen um sich, die seine Visionen Realität werden ließen. Diese kämpften für ihn die Kämpfe. Dafür überließ er ihnen als Lehen die Führung und Verantwortung über den Rest der Gefolgsleute. Ruhm und Ehre verdiente aber nur einer: der Sonnenkönig. Eine Präsentation zum Beispiel, die ein kluges und außergewöhnliches Konzept mit allen Details enthielt, wie Kalkulationen bis auf die zweite Nachkommastelle und einen vollständigen Umsetzungsplan, präsentierte der Sonnenkönig in illustrer Runde mit großer Geste. Der Applaus war seiner. Der Name des Gefolgsmannes, dem er Idee und Ausarbeitung verdankte, blieb allerdings unerwähnt.

Ins Team teilte er seinen Glanz. Er sprach ausführlich über erzielte Erfolge und gutes Feedback und lobte geradezu überschwänglich. Dies war den Mitarbeitenden, zumindest für eine gewisse Zeit, Ansehen genug. Nach außen glänzte nur er. Er verlangte alles von seinen Leuten und er bekam alles von ihnen. Er verlieh Titel, die kein Stellenplan vorsah, und versprach Prämien, die in keinem Budget standen. Und er strafte. Drohte ihm ein Fehler oder gar Versagen angelastet zu werden, machte er die Schuldigen in den eigenen Reihen aus und opferte sie. Er herrschte und teilte. So geht Feudalismus im Business.

Nach einem Jahr fing die Alleinherrschaft des Sonnenkönigs zu bröckeln an, weil sich bei den Lakaiinnen und Lakaien Erschöpfung einstellte und ihre Vernunftbegabung sich wieder Bahn brach. Auf Verschwendung folgte Verschleiß. Es drohte zwar noch keine Sonnenfinsternis, aber eine Art erste Dämmerung kam auf. In dieser Zeit witterte die zugegeben kleine Anzahl der nicht Verstrahlten ihre Chance und machte Front gegen den Sonnenkönig. Ich, die damals beim ersten Treffen rechtzeitig die Sonnenbrille gefunden hatte, legte dem General Manager nahe, sich von dem Sonnenkönig zu trennen, da sonst nicht nur großflächig verbrannte Erde drohte, sondern ebenso zahlreiche verbrannte Mitarbeitende. Die Zeit war reif. Der General Manager auch und er entgegnete: »Okay. Liefern Sie mir ein Szenario für den Tag danach!« Aber dazu kam es nicht mehr. Kurze Zeit später kündigte der Sonnenkönig an, seine Reise am Firmament an anderer Stelle fortzusetzen. An seinem letzten Tag war er anderthalb Jahre da gewesen. Genau eineinhalb Jahre. Ich ließ mich zu dem Spruch hinreißen: »Das ist sein Haltbarkeitsdatum, länger wird er nirgendwo erfolgreich sein.« So sollte es sein. Aber als was und wo überall er erfolgreich war, einfach unglaublich. Er wurde Direktor, CEO, Unternehmer, Managementberater, Keynotespeaker, Buchautor. Einiges davon ist er heute noch. Chapeau! Aufrichtiges Beileid an die Mitarbeitenden, die seinen Weg kreuzten oder säumten – oder dies noch tun werden.

Fazit

Der Sonnenkönig überstrahlt alles, wo immer er auftaucht. Er ist in der Lage, jeden Menschen in kürzester Zeit für sich und seine großartigen Ideen zu gewinnen. Er gebiert Lehnsmänner und Kurtisanen. Mitarbeitende werden zu geblendeten Anhängern. Er bedient sich ihrer Ergebenheit und lässt sie seine Erfolge erarbeiten. Er verleibt sich die Ideen und Leistungen seiner Mitarbeitenden ein. Er sitzt auf dem Thron und lässt sich huldigen. Verantwortung für seine Mitarbeitenden? Die Einhaltung von Regeln, wie Höchstarbeitszeiten oder Ähnlichem? Das Teilen von Erfolgen? Schamgefühl? Fehlanzeige. ›Noblesse oblige‹? Nie gehört.

Gott sei Dank hat der Sonnenkönig, anders als sein historischer Namensgeber, eine geringe Haltbarkeit. Seine Verfallszeit beträgt anderthalb Jahre. An der Stelle kommt er einer Supernova gleich. Denn dann hat es sich ausgestrahlt und aus den Geblendeten werden wieder Sehende. Kurz vor der totalen Sonnenfinsternis sucht sich der Sonnenkönig einen neuen professionellen Kosmos. Neuer Kosmos bedeutet, er wechselt Ort und Rolle, erfindet sich neu. Das ist auch unbedingt nötig, da er eine mit seiner enormen Strahlkraft korrespondierende Größe an verbrannter Erde hinterlässt. Das erzwingt Rollen-, Branchen- und Länderwechsel, manchmal muss es auch ein anderer Kontinent sein, um einer drohenden Strafverfolgung zu entgehen.

Der Sonnenkönig ist ein wirkungsvoller Impulsgeber und ein skrupelloser Provokateur, der alle Stürme persönlich unbeschadet zu überstehen scheint, aber er repräsentiert das Gegenteil von Nachhaltigkeit und Führung auf Augenhöhe. Er ist als Führungskraft aus der Zeit gefallen.

Typische Verhaltensmuster und Sprachbeispiele

Feedbackverhalten

Der Sonnenkönig lobt überschwänglich und in Superlativen. Er selbst ist durch sein exaltiert positives Selbstbild quasi immun gegen negative Kritik. Sie perlt an ihm ab.

Kommunikationsverhalten

Der Sonnenkönig redet gerne und viel. Publikum stimuliert ihn. Am Ende seiner mal staatstragenden, mal energetischen Ausführungen bleibt die Frage nach dem Inhalt, der Botschaft. Er beherrscht den Politik-Talk: Viel gesprochen, nichts gesagt.

Arbeitsverhalten

Der Sonnenkönig lässt arbeiten. Warum sich selbst die Hände schmutzig machen, könnte doch die Manschetten in Gefahr bringen. Er hat aber auch nicht wirklich die Wahl, da seine Fähigkeiten nicht nur ausgeprägt verbaler Art, sondern auch ausschließlich dort verortet sind.

Persönliches Verhalten

Der Sonnenkönig ist höflich bis schmierig. Er ist sich selbst am wichtigsten, der Rest dient dem Zweck – seinem Zweck. Bei Gefahr versteckt er sich hinter seinen Mitarbeitenden und benutzt sie als natürlichen Kugelfang.

Ein typischer Dialog zu einem x-beliebigen Thema

Jemand aus dem Team stellt eine gerechtfertigte (Sach-)Frage. Der Sonnenkönig hat die Antwort nicht parat, was er aber niemals zugeben würde, da er ja unfehlbar ist. Also lenkt er ab und entgegnet: »Wenn Sie ordentlich rasiert wären, würde ich Ihnen eine Antwort geben!«, dreht sich auf dem Absatz um und entschwindet.

Was könnte der Sonnenkönig reflektieren?

Sicherlich vieles. Das Problem beim Sonnenkönig ist aber, dass er, wenn er einen Spiegel vorgehalten bekommt – nichts anderes ist Reflexion –, nur eines sieht. Genau. Sich selbst! Und dieses Antlitz ergötzt ihn immer wieder aufs Neue. Ende der Geschichte.

Tipps an die Mitarbeitenden eines Sonnenkönigs

Gehen Sie ganz nah ran und bleiben Sie weit genug weg. Ganz nah ran, um zu lernen. Denn wie kaum ein anderer führt Ihnen der Sonnenkönig vor, was abseits der Konvention möglich ist. Grenzen sind nur für Brave und die gewöhnlichen Ursache-Wirkungs-Ketten nur was für gewöhnliche Menschen. Sie werden in der Nähe des Sonnenkönigs Dinge erleben, die so erstaunlich sind wie er selbst. Gönnen Sie sich ein Jahr in seinem Team. Und bleiben Sie dabei immer weit genug weg, um nicht als Kugelfang dienen zu müssen oder im Umfeld der Supernova zu verglühen.

Napoleon Bonaparte

Die Geschichte

Als neuer Kollege in der Abteilung kannte ich mich noch nicht so gut mit allen Abläufen aus. Als unsere Managementdatenbank eines Tages streikte, fragte ich eine Kollegin, wer mir an dieser Stelle weiterhelfen könnte. Ihre Antwort:»Geh doch zu Herrn Bonaparte, der kümmert sich um das Thema.« Mit Bonaparte hatte ich zuvor noch nicht so viel zu tun gehabt. Er saß ein gutes Stück im Flur entfernt, war acht Jahre älter als ich und damit Ende dreißig, promovierter Ingenieur und ständig mies gelaunt. Jeder wusste, dass man eine gute Chance hatte, angemeckert zu werden, wenn man sein Büro betrat. Mit der Betreuung der Datenbank hatte er eine Nischenaufgabe gefunden, die für die Abteilung enorm wichtig war und von der niemand sonst etwas verstand. Natürlich ließ er auch niemanden dort hineinsehen, obwohl einige von uns die Ausbildung gehabt hätten, um diesen Job auch gut zu erledigen. Wissen schafft Macht und Freiheit.

»Was soll's!«, dachte ich und machte mich auf den Weg. Die Tür war nur angelehnt, ich klopfte als höflicher Kollege kurz an und ging hinein. Er saß wie immer am PC hinter dem riesigen Ficus benjamina, durch den man kaum hindurchsehen konnte.

»Hallo Herr Bonaparte, hätten Sie mal zwei Minuten?«, sprach ich ihn an. Das in der Abteilung übliche Du vergab er restriktiv. Das musste ich mir später noch hart erarbeiten.

»Was will der Genosse?«, grunzte er zurück. Ich beschrieb ihm mein Problem und bat ihn um Hilfe. Es macht»Ping!« aus seiner Richtung. Vielleicht eine SMS? Dann noch mal.»Ping!«

»Da muss er später noch mal wiederkommen. Dafür habe ich jetzt keine Zeit.«

»Vielen Dank fürs Gespräch!«, dachte ich. Es war immer das Gleiche. Wenn ich dann später noch mal zu ihm gehen würde, dann würde ich irgendwann meine Antwort bekommen. Er würde mich zwar weiter in der dritten Person ansprechen, aber da ich in seinen

Augen wohl nicht gänzlich verblödet war, konnten wir irgendwie zusammenarbeiten.

Als er ein Jahr später befördert wurde und in einer Tochtergesellschaft eine lang ersehnte Führungsaufgabe als Abteilungsleiter für Finanzen erhielt, wurde es zufällig meine Aufgabe, ihn in seiner neuen Rolle inhaltlich zu betreuen, sodass ich fast täglich mit ihm Abstimmungsrunden hatte. Und ein bisschen drehten sich die Verhältnisse um, denn nun war er auf die Zusammenarbeit mit mir in gewisser Weise angewiesen und er wusste, dass es sein Leben erleichterte, wenn wir konstruktiv miteinander arbeiteten. Erstaunlich war, dass er alle wichtigen Themen ausschließlich selbst bearbeitete und er auch nie einen seiner Mitarbeitenden zu Rate zog. Sein Team kannte ich daher ausschließlich vom Telefon.

Eines Tages saß ich bei ihm im Büro – mit ihm zusammen an seinem Schreibtisch. Der Ficus war mit umgezogen und verstellte nun wieder den Blick auf das imposante Möbelstück. Wir sprachen seinen Monatsbericht durch. »Napoleon«, fragte ich – wir waren mittlerweile beim Du angekommen –, »wie erklärst du diese Sollabweichung? Du hast 1,8 Millionen Euro geschrieben, ich habe 2,4 Millionen Euro ausgerechnet. Wo liegt mein Fehler?«

»Ach, weißt du,« antwortete er, »2,4 Millionen? Das ist auch 'ne schöne Zahl! Ich ändere das!« Und tatsächlich änderte er den Wert, einige andere auch, damit die Summe wieder aufging. »Ich gehe mal kurz rauchen«, sagte er und weg war er. Ich blieb sitzen, war fassungslos ob dieser Arbeitsweise und aktualisierte kopfschüttelnd meine Unterlagen. Keine Ahnung, wie ich damit umgehen sollte. Plötzlich das gewohnte »Ping!« aus Richtung seines Computers. Wieder eine SMS? Ich schaute auf den Bildschirm, auf dem sich ein Fenster geöffnet hatte: »RISIKO! Du hast Argentinien erobert.« Ein Brettspiel im Browser? *Das* machte Napoleon also den ganzen Tag? Ich konnte es kaum glauben. Eine Methode, auch ohne Arbeit den Tag zu verleben.

Als er wiederkam, war der Bericht für ihn erledigt. Und das Fenster dezent weggeklickt. Ich war schockiert. »Napoleon«, fragte ich ihn, »du kannst doch nicht willkürlich die Analyse verändern! Was machst du, falls du das dem Vorstand erläutern musst?«

»Ach, weißt du,« antwortete er, »darüber mache ich mir Gedanken, wenn es so weit ist. Aber eine Zahl stört mich doch noch. Moment mal!«, sagte er und griff in eine Schreibtischschublade. Er nahm etwas in die Hand und schüttelte es. Dann öffnete er die Handfläche, es klapperte und zwei Würfel rollten über den Tisch. Nein, oder? Das war jetzt nicht wahr. »So!«, stellte er fest, »die andere Zahl ist 2,6.«

»Napoleon! Das meinst du jetzt nicht im Ernst!« – »Doch natürlich, mach dir keine Sorgen, das versteht ohnehin keiner!« Ich war entsetzt, aber ich hatte auch keine Idee, was ich ihm in dieser Situation nun sagen sollte.

Bei einer anderen Gelegenheit saß ich mit Napoleon und einem seiner Mitarbeiter wieder (ja, dieses Mal durfte jemand teilnehmen!) in seinem Büro, um die Firmenstrategie zu diskutieren – was nicht wirklich unsere Aufgabe war. Die Stimmung war gelockert, Napoleon gut gelaunt und mit seinem Mitarbeiter war ich auch auf einer Wellenlänge. Wir saßen vor dem Whiteboard und Napoleon entwickelte hektisch Schaubilder.

»Das ist die Firma heute«, sagte er und zeigte auf die linke Seite des Bildes, »und das ist die Firma übermorgen!« Er zeigte nach rechts. »Und jetzt frage ich die Genossen, was liegt dazwischen?« Die Stimmung war ausgelassen und der Mitarbeiter antwortete mit einem Grinsen: »Zwei Mal schlafen, Chef?«

»RAUS! Alle beide! Es ist unglaublich! Die Genossen müssen erst einmal diese Defätismuskappe absetzen! So kann ich nicht arbeiten!« Wir verließen ratlos das Büro. Der Mitarbeiter erklärte mir nur: »Mach dir keine Gedanken – das passiert regelmäßig«, zuckte mit den Schultern und ging in sein Büro. Na gut, dann eben heute mal früher Feierabend. Musste auch mal sein.

Der Mitarbeiter erzählte mir in den folgenden Monaten noch viele seltsame Geschichten. So war Bonaparte eines Tages mit schlechter Laune zu seiner Sekretärin gegangen und hatte sie aufgefordert, ihm eine Zigarette zu geben, um diese verbotenerweise direkt im Sekretariat zu konsumieren. Die Sekretärin bat ihn höflich, das Raucherzimmer aufzusuchen, als Bonaparte sie plötzlich anschrie: »Frau Müller! Sie sind einfach nur dumm und dazu noch frech!

Was erlauben Sie sich! Ich müsste Ihnen jetzt jedes Haar einzeln ausreißen!« Und dann war er in sein Büro verschwunden, hatte die Tür zugeschlagen und man hörte, wie er wieder mit dem fünf Zentimeter dicken Stromkabel, das er aus dem Werk mitgenommen hatte, auf den Tisch schlug. »Ich hatte wirklich Angst!«, erzählte sie mir, als ich sie darauf ansprach. Und es gab noch mehrere solcher Vorfälle.

Ich konnte mit Bonaparte auch ausgiebige Gespräche führen, insbesondere wenn es darum ging, seine Vorgesetzten in die Pfanne zu hauen. Er hielt sich für einen großen Strategen und hatte sich im letzten Monat tatsächlich konzernweit einen gewissen Ruf erarbeitet: Auf einer Führungskräftetagung hatte er ein von ihm entwickeltes kompliziertes mathematisches Prognosemodell vorgestellt, das erstaunlich gut die Kundenbedarfe der nächsten Monate aus volkswirtschaftlichen Eingangsgrößen prognostizierte.

Richtig sauer war er, als ihm eines Tages ein neuer Geschäftsführer vor die Nase gesetzt wurde, denn diese Position wollte er selbst seit Jahren haben. Wenn er über seinen neuen Chef sprach, nannte er ihn immer nur »meinen Edelassi, der noch grün hinter den Ohren ist und von mir erst einmal zwei Jahre lang das Geschäft lernen muss«.

Noch einmal zwei Jahre später hatte er den Chef seines Chefs mit seiner Unzuverlässigkeit in vielen ihm übertragenen Aufgaben und den vielen Beschwerden von Mitarbeitenden über ihn so sauer gefahren, dass dieser ihm ein Abfindungsangebot unterbreitete und er vor einer weiteren Eskalation lieber den Konzern verließ. Er ging mit einem Gefühl der Enttäuschung, da er sich und sein Potenzial verkannt fühlte, fand aber nach einiger Zeit die gewünschte Geschäftsführerposition außerhalb des Konzerns.

Fazit

Haben Sie das Bild des Feldherrn Napoleon vor Augen? Er steht am Rande des Schlachtfelds, hat seine Hand in die Jacke geschoben, beobachtet das Geschehen und gibt strategische Anweisungen an seine Generäle und Generalinnen weiter. Die Details der Schlacht und die Bewegungen einzelner Einheiten interessieren ihn weniger, langweilen ihn sogar. Ihn beschäftigt ausschließlich das große Ganze. Das Problem mit diesem Managertypus ist, dass es im Business nicht nur darauf ankommt, stets an ebendieses große Ganze zu denken, also das Unternehmen mit der eigenen großen Aura der ›Leadership‹ zu füllen. Vielmehr ist es genauso wichtig, auch die kleinen Schritte von Woche zu Woche und Monat zu Monat im Griff zu haben, also ein verlässlicher Manager zu sein, der sein Handwerk beherrscht. Okay, außer Sie sind zufällig der CEO eines multinationalen Konzerns. Napoleon scheitert daran, dass ihn das Klein-Klein von Aufgaben, die er zu überblicken glaubt, so sehr langweilt, dass er nicht das Durchhaltevermögen aufbringt, diese auszuführen. Er führt seine Mitarbeitenden nicht, sondern er ›befehligt‹ sie und übersieht, dass diese so allenfalls Dienst nach Vorschrift machen und niemand Lust hat, sich auch mal für den Chef ins Zeug zu legen. Es scheitert an der Vermittlung der hier und da vielleicht tatsächlich genialen Gedanken.

Typische Verhaltensmuster und Sprachbeispiele

Feedbackverhalten

Der Typ Napoleon tut sich schwer damit, Feedback entgegenzunehmen – außer es ist von jemandem, den er respektiert, weil er ihn intellektuell als weitgehend ebenbürtig empfindet. Damit scheidet Feedback von Teammitgliedern an ihn kategorisch aus. Auch im aktiven Feedback sind seine Fähigkeiten beschränkt. ›Man-Botschaften‹ gespickt mit persönlichen Beleidigungen sind sein Weg, seine Mitarbeitenden vermeintlich anzufeuern, was natürlich auf voller Linie misslingt. Es entsteht kein ›Wir‹, Motivation wird kategorisch verhindert. Seine Untergebenen hält er im Großen und Ganzen für Idiotinnen und Idioten, was sich in Einzelfällen aber tageweise ändern kann. Dies ist immer dann der Fall, wenn jemand ein Arbeitsergebnis vorlegt, das zufällig Napoleons wechselnden Ansprüchen genügt.

Kommunikationsverhalten

Napoleon kommuniziert unidirektional. Auf dem Schlachtfeld – und so begreift er das tägliche Tun – ist kein Platz für Diskussionen, sondern nur für Entscheidungen. So ist seine Denkweise. Er spricht über seine Themen schnell und zackig. Den Zuhörenden gibt er das Gefühl, dass Rückfragen ein Zeichen geistiger Schwäche seien, sodass es mit der Zeit kaum mehr solche geben wird.

Arbeitsverhalten

Er ist gut darin, vermeintlich große Themen schnell und grob zu skizzieren. Dies können Themen sein, die für das Unternehmen von strategischer Relevanz sind, aber auch solche, die dazu geeignet sind, sein persönliches Ansehen und die Wahrnehmung seiner selbst in den obersten Führungskreisen zu verbessern.

Hat er so ein Thema identifiziert, kritzelt er die wesentlichen Gedanken mit dem Stift auf ein Blatt Papier – oft unvollständig – und lässt es Mitarbeitende in Form bringen. Hochkomplexe und außerordentlich schwierige Probleme, die er aufgrund seines in der Tat außergewöhnlichen Intellekts erst strukturiert, um sie dann zu lösen, faszinieren ihn und lassen ihn auch über längere Zeit inhaltlich an einer Sache arbeiten. Sobald er aber den Lösungsweg überschaut, verliert er die Lust.

Persönliches Verhalten

Napoleon ist unberechenbar. Er lässt sein Arbeitsumfeld seine Launen spüren und kann sogar manisch-depressive Wesenszüge entwickeln. Er ist gut darin, Allianzen mit Gleichrangigen oder Vorgesetzten zu schließen, die seiner Karriere nützlich sein könnten. Diesen gibt er ein gutes Gefühl durch Wertschätzung, die man ansonsten von ihm nicht gewohnt ist. Gleichzeitig erweckt er bei ihnen den Eindruck, nun zum Mitglied einer geheimen Bruderschaft erhoben worden zu sein.

Der Napoleon aus dieser Geschichte war bekannt dafür, dass er in den Abendstunden, wenn die meisten Mitarbeitenden die Firma verlassen hatten, die Büros und Schreibtische nach Süßwaren durchsuchte und sich nach Herzenslust bediente. Die Notwendigkeit, nach diesem unglaublichen Eingriff in die Privatsphäre seiner Mitarbeitenden wenigstens einen Notizzettel mit einem »Danke« zu hinterlassen oder die Vorräte am nächsten Tag dankend wieder aufzufüllen, sah er nie.

Ein typischer Dialog zu einem x-beliebigen Thema

Napoleon zum Mitarbeiter: »Der Genosse soll das jetzt erledigen.« (Die nicht direkte Anredeform bleibt Marotte.) Es ist nie final zu ergründen, ob die Titulierung ›Genosse‹ nun Zeichen für den spezifischen Humor des Bonaparte ist oder ob er der Arbeitnehmerschaft und ihren Idealen an sich damit seine Verachtung ausdrücken möchte. Allerdings könnte auch das Gegenteil der Fall sein und die Anrede ›Genosse‹ soll ein Gemeinschaftsgefühl erzeugen, das aber nie erreicht wird.

Der Mitarbeiter: »Ich habe da noch eine Frage.« – »Kann denn hier keiner irgendetwas allein? Wieso bezahle ich ihm so viel Geld, wenn er die einfachsten Themen nicht bearbeiten kann?«

Ergebnis: Der Mitarbeiter zieht frustriert von dannen und erledigt die Aufgabe irgendwie. In der Regel wird Bonaparte das Ergebnis später entgegennehmen. Feedback wird es kaum geben, da Bonaparte üblicherweise zwischenzeitlich das Interesse an den Ergebnissen schon wieder verloren hat.

Was könnte Napoleon reflektieren?

Sollte Napoleon tatsächlich objektiv über sein Team, seine Arbeit im Team oder über die Arbeitsleistung seines Teams nachdenken – was durchaus in Zweifel gezogen werden kann –, würde er erkennen, dass er bei Weitem nicht die Leistung abruft, die sein Team eigentlich bereithält. Ursachen? Seine Mitarbeitenden leben in beständiger Angst vor ihm und seinen chronischen Wutausbrüchen, ziehen sich zurück und stellen jegliche Form der Kreativität und der Leistungsbereitschaft ein.

Könnte er selbst kurz die Perspektive eines Dritten einnehmen und auf sein eigenes Tun schauen, wäre ihm schnell klar, was er ändern müsste: einfach alles. Und zwar an sich. Schnellstens.

Tipps an die Mitarbeitenden eines Napoleon Bonaparte

Napoleon ist eine Führungskraft mit einer Menge an psychotischen Eigenschaften. Wie auch der Mafioso, mit dem wir uns später noch beschäftigen werden, verlässt Napoleon den Korridor der ›noch Normalen‹. Seine Reaktionen und Wutausbrüche sind weder vorhersehbar noch im Geringsten deterministisch. Niemand sollte einen Napoleon auf die Menschheit, geschweige denn auf eine Bürogemeinschaft loslassen. Alle Tipps können an dieser Stelle daher ausschließlich das Ziel haben, eine Schreckensherrschaft napoleonischer Couleur schnell zu beenden. Daher: Protokollieren Sie Fehlverhalten Ihrer Führungskraft und solidarisieren Sie sich mit Ihren Kolleginnen und Kollegen. Und wenn Sie genug Belege gesammelt haben: Ziehen Sie den Betriebsrat ins Vertrauen und holen Sie dort Hilfe. Lassen Sie nicht locker, denn so ein Arbeitsleben haben Sie nicht verdient.

Der Diktator

Die Geschichte

Der ›echte‹ Berufseinstieg nahte in großen Schritten. Als junger Mensch von 29 Jahren hatte ich meine Dissertation gerade abgegeben und meine Assistentenzeit an der Universität würde in wenigen Monaten zu Ende gehen. Langsam musste ich mich fragen, wohin meine beruflichen Wege mich nun führen sollten. Da kam es nur recht, dass mein Doktorvater offenbar den CFO eines großen Konzerns in der Region gut kannte und ein Brief an diesen mir eine Einladung zu einem Bewerbungsgespräch verschaffte.

Ein erstes Bewerbungsgespräch mit meinem späteren Chef, selbst direkter Mitarbeiter des CFO, war positiv verlaufen. »Also, es würde jetzt so weitergehen, dass wir ein zweites Gespräch mit unserem CFO machen. Und dann denken Sie dran: Er wird Sie fragen, ob Sie den Unterschied zwischen Rückstellungen und Rücklagen kennen. Sehen Sie bloß zu, dass Sie das drauf haben! Und dann hoffe ich, dass Sie auch eine gute Deutschnote hatten, denn das wird er Sie auch fragen. Und bitte: Wenn Sie zwischenzeitlich ein anderes Angebot haben sollten, kontaktieren Sie uns unbedingt. Wir möchten Sie einstellen, aber ohne Zustimmung unseres CFO geht das nicht. Und er hat wenig Zeit.«

Ich will nun gar nicht länger davon sprechen, dass diesem ersten Gespräch eine Absage per Brief folgte. Nach einem kurzen Moment ungläubigen Staunens konnte ich in einem Telefonat klären, dass dieses ein Versehen der Personalabteilung war und der CFO mich nun tatsächlich kennenlernen wollte. So kam ein weiteres Gespräch zustande.

Personalabteilung, Führungskraft und ich warteten und plötzlich kam ein Herr im besten Alter, im blauen Zweireiher mit Goldknöpfen, geradezu zur Tür hereingeflogen. »So, ich sehe, Ihre Zeugnisse sind ja ganz ordentlich.« – Plötzlich saß er schon, wie von Zauberhand hatte ihm jemand eine Tasse Kaffee eingeschenkt und er hatte sich in die Bewerbungsunterlagen vertieft, bevor ich überhaupt meinen ersten Satz zurechtlegen konnte. Für eine ausgiebige Begrüßung war offenbar nicht so richtig viel Zeit in diesem Business. »Also, Sie sind ja wohl ein gebildeter junger Mensch. Wenn ich Sie jetzt nach dem Unterschied zwischen Rücklagen und Rückstellungen fragen würde, …« – ja, dachte ich, mein Einsatz, nun kann ich mich endlich präsentieren – »… könnten Sie das dann erklären?« Mit dieser Frage hatte ich so nicht gerechnet. »Äh, ja, natürlich.« »Na, das dachte ich mir. Die Deutschnote ist ja auch passabel.« Hey, das war ja auch eine Zwei im Abitur! »Also, dann wollen wir Sie mal einstellen. So, ich habe noch einen Termin. Auf Wiedersehen.« So sprach der Diktator, reichte mir immerhin die Hand, drückte mit aller Kraft (so viel war es nicht) und einen Moment zu lange zu und verschwand. Dieses erste Zusammentreffen erschien mir gänzlich ungewöhnlich, war aber sehr typisch für den Diktator.

Einige Monate später war ich eingestellt und arbeitete fleißig in meinem Büro bei offener Tür, wie es in der Abteilung üblich war. Unser CFO ›flog‹ wieder einmal eilend durch den langen Flur, sah links und rechts im Vorbeiflug in die Büros hinein und rief hier und da ein forderndes »Guten Tag« hinein, was die Kollegen und Kolleginnen jeweils erwiderten, nur dass der Diktator da schon weiter war und ihn die Antwort auch gar nicht mehr interessierte. Nun stand an diesem Tag ein großer Blumenstrauß auf dem Tisch, da ich genau an diesem Tag meinen dreißigsten Geburtstag feierte. Das ungewöhnliche Bild war für ihn Anlass genug, zum Büro hereinzukommen. Kein »Guten Tag«, kein »Wie geht's?«, gleich in medias res. »Warum haben Sie denn einen Blumenstrauß hier?« – »Ich bin heute dreißig geworden«, antwortete ich stolz und freute mich schon auf die Gratulation, die folgen würde. »Na, dann sehen Sie mal zu, dass Sie keine Midlifecrisis bekommen!«, sagte er, machte auf dem Absatz kehrt und flog weiter. Das war dann wohl nichts mit der Gratulation.

Die Durchflüge durch die Abteilung waren in der Regel harmlos, spontane Fragen zu Themen, die man für ihn manchmal auch direkt bearbeiten musste, waren äußerst selten. Deutlich unangenehmer waren seine Telefonanrufe, die zwar auch nicht übermäßig oft vorkamen, aber doch jedes Mal ein Zeichen dafür waren, dass ihm etwas ganz akut missfallen hatte und er seinem Ärger Luft machen wollte. Lob kam auf diesem Kanal jedenfalls nie an. Nie. Als es dann irgendwann wieder einmal klingelte und ich abhob, fing eine Schimpftirade an, die fünf Minuten andauerte und alle Klassiker beinhaltete, von »Was haben Sie sich nur dabei gedacht?« über »Wofür bezahle ich Sie eigentlich?« bis hin zu »Wie kann man eine Aufgabe so gedankenlos bearbeiten?«. Die Standpauke hatte sich gewaschen, so viel stand fest. Und eine Chance, etwas zu entgegnen, bekam ich nicht, dafür war der Wortschwall zu anhaltend. Einen rasenden Diktator sollte man ohnehin nie unterbrechen. Das schlechte Gefühl, das er mir verschaffte, wurde von Minute zu Minute größer. Der CFO war bekannt dafür, dass er überaus nachtragend war, und wen er einmal in seiner mentalen Schublade ›Nichtskönner‹ abgelegt hatte, der hatte es überaus schwer, da wieder herauszukommen.

Nach unendlich langen fünf Minuten endete die Schimpfkanonade. »Haben Sie etwas dazu zu sagen?«, blaffte er in den Hörer.

»Ja, ich denke, Sie haben sich verwählt. Das Thema habe ich gar nicht bearbeitet. Das hat ein Kollege übernommen, soweit ich weiß.« Mir war schon seit der ersten Minute klar, dass hier eine Verwechslung vorlag, aber ich war schlichtweg nicht zu Wort gekommen. Nach einigen weiteren Erklärungen war dem Diktator bewusst, dass er hier falsch gelegen hatte. »Gut, Sie sind noch jung – Sie haben noch genug Zeit, sich von dem Anschiss zu erholen«, sagte er und legte auf. Als Entschuldigung war das wohl eher nicht zu werten.

Vor dem CFO zitterte der ganze Konzern inklusive seiner Vorstandskollegen – der CEO ausgenommen. Diesem diente er loyal als zweiter Mann und er genoss die Rolle als Primus inter Pares. Die Grundlage seiner Macht war zum einen sein phänomenales Gedächtnis, mittels dessen er sich an alle Geschäftsvorfälle oder Aussagen von Managern und Managerinnen erinnern konnte, die in den letzten zehn Jahren in genau dieser Gesellschaft getroffen worden waren. Mit ihnen konfrontierte er sein Gegenüber kaltblütig, wenn Widersprüche zutage traten oder Fehlentscheidungen passiert waren. Zum anderen verfügte er über einen außerordentlichen Intellekt, konnte sich in Fachgesprächen sofort bis auf die tiefste Detailebene begeben, messerscharfe Schlüsse ziehen, auf die so bisher niemand gekommen war, und dabei sofort die Bedeutung für das große Ganze ableiten. Da dies seinem Gegenüber in der Regel nicht gelang, musste mit Wutausbrüchen, aber zumindest mit herablassenden Bemerkungen gerechnet werden. So verliefen dann auch übliche Treffen mit ihm – auf Rang und Ansehen nahm er immerhin keine Rücksicht.

Um den Mitarbeitenden des eigenen Ressorts einmal im Jahr etwas Gutes zu tun, gab es die jährliche Weihnachtsfeier. Ausgesucht wurden stets gutbürgerliche – niemals zu gute – Restaurants der Umgebung. Suppe, Hauptgang, Dessert. Und ein Ritual folgte der Suppe jedes Jahr aufs Neue. Der Diktator erhob sich und setzte zu seiner mit fünfzehn Minuten eingeplanten Rede an. Beginnend mit den großen weltpolitischen Zusammenhängen, über die Unfähigkeit der Bundespolitik bis hin zu den strukturellen Problemen der Industrie an sich und der Firma im Besonderen. Dieser Teil 1 der Rede nahm regelmäßig bereits 35 Minuten der angepeilten Zeit in Anspruch. Im Teil 2 fand jede Abteilung ihre Erwähnung, gefolgt von einem ausufernden Lob für die gute Arbeit, adressiert an den Kopf der Abteilung. Aber auch mal geschmückt mit einem »Na ja, ordentlich«, wenn die Zufriedenheit des Diktators mit der Tagesform nicht hoch war. Ein unschönerer Moment für so ein vernichtendes Feedback lässt sich wohl kaum finden.

Nach sechzig Minuten war es dann in der Regel überstanden, die Suppe noch warm und die Stimmung bei mindestens einer Abteilung am Boden. Nach dem Essen folgte ein weiteres Ritual: Es wurde gekegelt, weil der Diktator das jedes Jahr aufs Neue für eine gute Idee hielt. Um es zu präzisieren: Es MUSSTE gekegelt werden. Hausnummern. Drei Würfe für Hunderter-, Zehner- und Einerstelle. Ein Entrinnen gab es nicht. Jeder Wurf wurde vom Diktator begutachtet und kommentiert – gerne auch mit einem Kopfschütteln. Auch hier stand das Leistungsprinzip klar im Fokus und ein gutes Kegelergebnis war die erste gute Mitarbeiterbewertung für das neue Jahr. Es musste nur klappen.

Persönlich verfolgte der Diktator immer einen Plan. Kernelement dieses Plans war, an die Spitze der Organisation zu gelangen. Der Plan war strategisch ausgerichtet, sodass es auf ein Jahr mehr oder weniger nicht ankam. In unserem Fall war der Tag gekommen, als der CEO in den Ruhestand ging. Es entbrannte in den Monaten zuvor ein Machtkampf zwischen dem CFO und einem Spartenvorstand, der sich ebenfalls in der natürlichen Erbfolge auf Platz 1 sah. Der Diktator pokerte hoch, drohte wie sein Kollege mit Vertragsauflösung – was wiederum kein Aufsichtsrat in seinem Fall später verantworten wollte – und gelangte so auf den lang ersehnten Chefsessel. Den neuen CFO schlug er selbst vor. Es war jemand, von dem er absolute Loyalität erwarten konnte und der ihm in keiner Hinsicht gewachsen war. Ein fügsamer Verwalter dieser Position. An dieser Position hielt er sich über alle Höhen und Tiefen bis zu seinem eigenen Ruhestand zehn Jahre später.

Fazit

Der Diktator hat alle Voraussetzungen, um ein großartiger Chef zu sein. Ein scharfer Intellekt und ein hervorragendes Gedächtnis, gepaart mit der Fähigkeit, auch Details zu verstehen und auch einmal selbst die Ärmel hochzukrempeln und sich durch Aktenberge zu wühlen, sind gute Voraussetzungen, um sich Respekt und Anerkennung im Team, bei denen auf seiner Leitungsebene und beim Chef zu verdienen.

Die menschliche Komponente ist die große Schwäche des Diktators. Er vertraut niemandem und ist davon überzeugt, dass nur er in der Lage sei, das Unternehmen richtig zu führen. Seine geistigen Fähigkeiten nötigen seinen Mitarbeitenden großen Respekt ab, dennoch arbeitet niemand gerne für ihn, man fürchtet ihn eher. Für die Bedürfnisse seiner Teammitglieder interessiert er sich nicht und er hat auch keine Idee davon, warum denen das wichtig sein könnte. Er ist etwas weltfremd und kann sich nicht in ›normale Menschen‹ hineinversetzen.

Typische Verhaltensmuster und Sprachbeispiele

Feedbackverhalten

Das Diffamieren von engen und loyalen Vertrauten auch vor Publikum ist für ihn fester Bestandteil seines Führungsinstrumentariums. »Jetzt schenken Sie mir mal eine Tasse Kaffee ein, oder können Sie das etwa auch nicht?« – dieser Kommentar ist die Bekräftigung eines Feedbacks aus einem Gespräch, das wohl unmittelbar zuvor stattgefunden haben mag.

In die gleiche Kategorie fällt seine Antwort an einen Geschäftsführer, als dieser ihm mitteilte, dass er, der Geschäftsführer, in einem Presseinterview möglicherweise eine ungeschickte Aussage getroffen habe. »Nun ja, Ihnen fehlt einfach die Fähigkeit zum dialektischen Spagat. Aber dafür bin ich ja auch da.« Nützliches Feedback, das dem Gegenüber hilft, besser zu werden? Fehlanzeige. Aktives Einholen von Feedback? Also bitte, wo denken Sie hin!

Kommunikationsverhalten

Das Kommunikationsverhalten ist geprägt von dem Drang, dem anderen die eigene intellektuelle Überlegenheit als Zeichen des Machtanspruchs zu verdeutlichen. Wer sich in dieses Schema einfügt, Loyalität beweist und hinsichtlich der eigenen mentalen Fähigkeiten auf Gnade stößt, hat ein anstrengendes, aber wirtschaftlich gesichertes Leben.

Die Kommunikation erfolgt grundsätzlich unidirektional und Belehrung ist für den Diktator ein fester Bestandteil. Das Einholen von Feedback oder gar die ungefragte Entgegennahme eines solchen kommt in seinem Gedankenkosmos nicht vor. Sollte man ihm Derartiges vorschlagen, wird er sich noch Stunden später über einen solch bizarren Vorschlag wundern, ihn einfach gar nicht verstehen.

Arbeitsverhalten

Der Diktator ist extrem fleißig, lässt sich täglich aus allen Richtungen bis ins Detail berichten und arbeitet oft bis spät in die Nacht Aktenberge durch. Eine ähnliche Arbeitseinstellung erwartet er auch von seinen Mitarbeitenden. Wenn ihn um 21 Uhr 30 eine Frage beschäftigt, zu deren Beantwortung er Untergebene (so sein Verständnis) benötigt, ruft er sie an. Dabei ist er oft ehrlich verwundert, wenn er diejenigen nicht mehr im Büro erreicht, sondern zu Hause. Der furchtbarste Begriff für ihn ist ›Work-Life-Balance‹, weil er sich nicht vorstellen kann, was das für ein Leben außerhalb der Arbeit sein kann.

Persönliches Verhalten

Das persönliche Verhalten des Diktators ist geprägt von seinem eigenen Idealbild, die derzeitige eigene Rolle im Unternehmen perfekt auszufüllen. Zu einem CFO gehört in diesem Gedankenmodell beispielsweise persönliche Bescheidenheit, die sich auch am Dienstwagen ausdrückt. Hier reichte unserem Beispiel immer eine E-Klasse, obwohl die Vorstandskollegen ansonsten richtlinienkonform in der Oberklasse automobil waren. Da der Dienstwagen des deutschen Managers liebstes Kind ist, war das schon ein starker Verzicht. In die gleiche Kategorie passt die schon fast geizige Weinauswahl bei hochkarätigen Geschäftsessen, die beim Gegenüber teilweise eher Mitleid erzeugte, nicht selten gepaart mit dem Vorschlag, man könne doch die Rechnung teilen und vielleicht die Getränke übernehmen. Eine nach außen getragene Askese und ein übermäßiges Pflichtbewusstsein runden das Persönlichkeitsprofil ab.

Gleichzeitig ist er aber konsequent auf den persönlichen Vorteil bedacht – ohne dass es vordergründig den Eindruck von unkontrollierter Bereicherung geben dürfte. So änderte unser Diktator auch in schwierigen Krisenzeiten das Vergütungssystem für den Vorstand – wenn auch mit einer akademischen Begründung der unbedingten Notwendigkeit. Dass das neue System quasi ›zufällig‹

dazu führte, dass die Vorstandstantiemem in den bisher gewohnten Höhen erhalten blieben, sollte allen Außenstehenden wohl nur als angenehmer Nebeneffekt erscheinen.

Mit dieser hin und wieder zu beobachtenden persönlichen Vorteilsnahme, für die alle anderen im Unternehmen auch mal auf Kompensation verzichten müssen, schadet er seinem Ansehen enorm, mit dem Effekt, dass die Langzeitmotivation seiner Mitstreitenden weiter sinkt.

Hier offenbart sich eine große Schwäche des Diktators: Er unterschätzt seine Mitarbeitenden, die bei Weitem nicht so einfältig sind, wie er glaubt. Seine verdeckten Aktionen werden von vielen erkannt und sind oft Gegenstand vieler gefrusteter Gespräche in den Firmenfluren. Auf die Motivation der Teammitglieder wirkt dies wie Gift.

Ein typischer Dialog zu einem x-beliebigen Thema

Mitarbeiter zum Diktator: »Ich bringe Ihnen Ihre Auswertung!«
Diktator: »Wo sind die Kopien? Das muss doch verteilt werden!«
Mitarbeiter: »Davon haben Sie nichts erwähnt!«
Diktator: »Muss denn der Papa hier alles allein machen!?«
Der Diktator ist nie schuld, hat niemals unpräzise Aufträge gegeben. Selbst wenn es so ist. Denn er hält sich selbst für unfehlbar.

Die Universalantwort auf eine beliebige Frage, Erläuterung oder Analyse eines Mitarbeiters war »Hicke-hacke-hei!«. Dies war gleichbedeutend mit »Ich habe Ihnen nicht zugehört, weil es sich nicht lohnt«. Oder mit »Sie langweilen mich« oder »Ihre Meinung ist nicht wichtig für meine Entscheidung« oder »Es ist mir egal, was Sie meinen, ich mache es dennoch anders«.

Was könnte der Diktator reflektieren?

Die konstruktive Alternative liegt beim Diktator auf der Hand: Anstatt sich mit Druck und Kaltherzigkeit auf die Spitze des Unternehmens zuzubewegen, könnte er in Erwägung ziehen, sich sein

Umfeld menschlich zu erobern. Die Motivation bei Mitarbeitenden und Gleichrangigen stiege immens und dennoch würde niemand versuchen, ihm seinen Platz streitig zu machen, denn jeder wäre froh, für den besten Chef der Welt zu arbeiten. Notwendig dafür wäre echtes Interesse an Menschen, ihren Bedürfnissen, Sorgen und an dem, was sie bewegt. Dies kann nicht gespielt werden, es muss ehrlich sein, damit es nicht als aufgesetzt empfunden würde.

Tipps an die Mitarbeitenden eines Diktators

Sind Sie selbst Führungskraft? Dann sind Sie verloren. Es gilt ›Love it, change it or leave it‹. Und zu verändern gibt es da nichts. Rechnen Sie einfach mit allem. Mit Anrufen auch am Wochenende und an späten Abenden (auch in Kombination), mit eiligsten Aufträgen, deren Notwendigkeit Sie nicht erkennen, und vielen anderen Unannehmlichkeiten mehr. Sehen Sie es als Sport, solange Sie können, und gönnen Sie es dem Diktator nicht, Schwäche zu zeigen. Bleiben Sie nach außen unbeeindruckt. Und dann entscheiden Sie, was Sie strategisch tun. Nehmen Sie es vielleicht sogar mit dem Diktator auf – seine Amtszeit könnte lang sein – oder suchen Sie sich etwas Neues. Aber zetteln Sie keine Palastrevolte an. Sie würde scheitern.

Der Business-Brutus

Die Geschichte

Der Geschäftsführer einer kommunalen GmbH hatte früh in Brutus seinen Nachfolger identifiziert. Es war ausgemachte Sache zwischen den beiden, dass Brutus Geschäftsführer würde, sobald der Amtsinhaber sich in den Ruhestand verabschiedet. Dass die Position des Geschäftsführers dieser GmbH von einem Gremium besetzt werden musste, das aus einem Dutzend kommunaler Würdenträger und -trägerinnen bestand, war zwar unumgänglich, schien aber reine Formsache. Was es dann auch war. Aber der Weg bis dahin entspricht der Geschichte vom Dolchstoß dermaßen, dass dieser Typus korrekterweise ›Brutus[3]‹ heißen müsste. Denn Brutus ließ nicht nur einen Hauch von Rom durch die niedersächsische Provinz wehen, sondern eine steife Brise, zumindest für die Verhältnisse in der niedersächsischen Provinz.

Der aktuelle Geschäftsführer, nennen wir ihn der Einfachheit halber Caesar, hatte seine ganz eigene Vorstellung von der Führung einer kommunalen GmbH. Caesar verstand die kommunale GmbH weniger als eine harmlose Fördermittelauskunft für die Klein- und Kleinstbetriebe der Region. Stattdessen wollte er eine wirkungsvolle Unternehmensberatung. Er wollte den Handwerks- und Industriebetrieben, Einzelhändlern und auch ›selbstständigen Aufstockern‹, also Solo-Selbstständigen, die noch nicht hinreichend erfolgreich waren, bei der Lösung ihrer Probleme helfen. Die Handwerksbetriebe zum Beispiel hatten zwar volle Auftragsbücher, aber ihnen fehlten die Mitarbeitenden. Diese dringend benötigten Fachkräfte zu finden sollte daher eine der zentralen Aufgaben sein. Außerdem blieb bei vielen der kleineren Unternehmen unter dem Strich zu wenig hängen, das heißt, hohen Umsätzen standen zu niedrige Gewinne gegenüber. Irgendwie und irgendwo wurde Geld verbrannt. Fragte sich nur wo. Die Beratungsriege der kommunalen GmbH sollte den Betrieben helfen, Licht ins Dunkel zu bringen. Was ihr nach anfänglicher Skepsis auch tatsächlich gelang. Eine Tischlerei zum Beispiel verdoppelte im Jahr nach der Zusammenarbeit mit der kommunalen GmbH ihr Ergebnis. Einer Gemeinde wurde geholfen, ihr hochdefizitäres und von der Schließung bedrohtes Freibad in ruhigeres Fahrwasser zu bringen. Das machte das Team glücklich und stolz. Aber eben nicht alle. Denn Brutus teilte die Vorstellung der aktiven Unternehmensberatung in keinster Weise. Für ihn war dieses Vorgehen Verrat an der klassischen Wirtschaftsförderung, der er anhing und der er sich verschrieben hatte. Die hat ja auch unschlagbare Vorteile: Es gibt keine Ergebnisse, an denen man sich messen lassen muss. Es zählt lediglich Präsenz. Es geht um Anwesenheit und ein passives Leistungsangebot. Verirrt sich mal ein potenzieller Kunde in die Geschäftsräume, dann hört man ihm zu und schickt ihn zu jemand anderem, der ihm vielleicht helfen kann.

Zu dieser Zeit war der Unmut der politischen Opposition über diese kommunale GmbH groß und es wurde wiederholt die Auflösung oder Zusammenlegung verlangt, um Kosten zu sparen. Caesar parierte diese Attacken, indem er wirtschaftlich wahrnehmbaren Nutzen demonstrierte. Brutus blieb schweigend an seiner Seite. Hin und wieder ließ er erkennen, wie deplatziert und geradezu unmoralisch er diese Art von direkter Unterstützung fand. Dann erging er sich wieder in seinem Schweigen und beließ es einstweilen bei einem anonymen Schreiben. In dem gab er sich als Vertreter einer regionalen Vereinigung von Unternehmensberatungsfirmen aus (die nicht existierte) und schrieb an die politische Spitze, dass die Tätigkeiten der kommunalen GmbH für ansässige Beratungsunternehmen eine Wettbewerbsverzerrung bedeute. Er schrieb, dass man sich dies verbiete und in Erwägung ziehe, den Sachverhalt zur Anzeige zu bringen. Dieses Schreiben wurde von der politischen Spitze an Caesar weitergeleitet. Bei diesem sorgte es aber nur für eine lapidare Reaktion: »Wenn die gut wären, brauchten sie sich keine Sorgen zu machen.« Zu dem Zeitpunkt ahnte natürlich niemand, dass Brutus der Urheber dieser Zeilen war. Er schwieg weiter.

Typisch für einen Business-Brutus ist, dass er lange schluckt, immer und immer wieder. Irgendwann musste dann aber der Zeitpunkt gekommen sein, an dem er dies alles nicht mehr aushielt. Er überzeugte zwei Kolleginnen davon, dass Caesars Weg unweigerlich ins Verderben führen werde und dem dringend Einhalt geboten werden müsse, bevor es ihrer aller Jobs kosten werde. Nur neun Monate vor der Zepterübergabe von Caesar an ihn brachte Brutus gegenüber der politischen Spitze vor, dass Caesars Gebaren das Reich gefährde und dem sofort ein Ende bereitet werden müsse. (Im Jahr 2017 hörte sich das in etwa so an: »Der Geschäftsführer ist nicht mehr in der Lage, die Geschäfte ordnungsgemäß zu führen.«) Begleitet wurde er dabei von den zwei Vestalinnen, die seine Aussagen bezeugten. Brutus erhob das Prinzip des geschützten und ruhigen Arbeitsplatzes über das Prinzip der Loyalität. Wenn das mal kein Dolchstoß ist! Passt aber und ist genau genommen nur konsequent, antwortete Brutus doch zu einem früheren Zeitpunkt auf die Frage »Was ist das Ziel dieser kommunalen GmbH?« mit dem Satz »Arbeitsplätze sichern!«. Der Fragende kommentierte: »Das ist gut und sehr wichtig für die Region, da draußen die Arbeitsplätze zu sichern.« Darauf reagierte Brutus etwas verdutzt und antwortete: »Nicht da draußen, hier drinnen – das Ziel ist, unsere Arbeitsplätze zu sichern!« Ach soooo. Damit wäre das auch klargestellt und Brutus' Prioritäten ebenso.

Der vermeintliche Dolchstoß ging dann auch erst einmal ins Leere, denn die politische Spitze drehte das Messer nicht etwa in der Wunde von Caesar, sondern ordnete stattdessen an, die Stelle des neuen Geschäftsführers öffentlich auszuschreiben. Brutus' Vorstoß war selbst der politischen Spitze dann wohl doch ein bisschen zu viel der Illoyalität. Brutus würde also nicht kraft Erbes Geschäftsführer werden, sondern musste sich mit anderen Interessenten darum streiten. Gar nicht sein Ding! Wo er doch bevorzugt unauffällig, aus dem Dunkeln und von hinten agiert, sollte er sich jetzt einer öffentlichen Ausschreibung stellen. (Nur für die, die es nicht wissen sollten: Das ist das im öffentlichen Dienst vorgeschriebene Verfahren.) Zu allem Überfluss informierte die politische Spitze Caesar über die Verschwörung, jedoch ohne Namen zu nennen. Caesar aber hatte das Bedürfnis zu wissen, wer ihn da ans Messer liefern wollte, und rief alle Mitarbeitenden zusammen. Er schilderte, was geschehen war, und forderte die drei, die diesen Akt der Untreue verübt hatten, auf, sich in den nächsten 24 Stunden bei ihm zu melden und sich zu erklären. Es kam niemand. Vielleicht war das zu erwarten, denn eine der drei Personen war zu diesem Zeitpunkt in Urlaub und wahrscheinlich wollte sich das Triumvirat erst einmal gemeinschaftlich beraten.

Irgendwann hieß es dann: »Alle zusammenkommen!« Was dann folgte, war großes Schauspiel. Alle drei, die sich verschworen hatten, erzählten jeweils ihre eigene Version der Geschichte. Am Ende gab es niemals ein Gespräch zu dritt bei der politischen Spitze. Im Gegenteil, eine der drei war nach eigener Darstellung von ebendieser politischen Spitze vorgeladen und gezwungen worden, Auskunft zu geben, ob Caesar auch wirklich vierzig Stunden die Woche arbeite oder den Ruhestand schon vor dem Vorruhestand eingeläutet habe. Inbrünstig versicherte sie: »Aber egal wie sie mir auch zusetzten, ich habe alles getan, um dich, Caesar, zu schützen. Glaub mir!« Die Zweite führte sichtlich traurig aus, wie enttäuscht sie sei, dass eine Person, der sie privat einmal – wenn auch nur ganz kurz – ihre Unzufriedenheit mitgeteilt habe, diese Aussagen wohl gegen sie verwende. Sie müsse sich jetzt erst mal beruhigen, nachdem ihr so übel mitgespielt worden sei. Und Brutus? Brutus konnte sich an nichts mehr erinnern. Dazu hatte er einen Zettel vor sich liegen, von dem er ablas, dass er sich an nichts mehr erinnern könne. Möglicherweise, eventuell habe er bei einem zufälligen Zusammentreffen unter großem Fragendruck einmal etwas angemerkt, das man dann fehlinterpretiert habe. Aber eigentlich könne er auch das ausschließen. Er erinnere sich an gar nichts. Las er ab. So ist er, der Business-Brutus, wenn der Dolchstoß nicht funktioniert, dann schnell wieder zurück ins Glied, als wenn nichts gewesen wäre. Temporäre Amnesie hilft dabei sehr.

Die Stelle wurde ausgeschrieben. Brutus beugte sich, was blieb ihm auch anderes übrig. Er wurde einer von über achtzig Bewerbenden. Leider war er nach einer ersten Bewertung nicht unter den top dreien, die sich dem Aufsichtsrat vorstellen sollten. Das wollte dann aber Caesar ob der langen Gefolgschaft doch nicht zulassen. Per Clementia Caesaris hob er ihn zusätzlich auf die Liste, da waren es ihrer vier Kandidaten.

Drei Gegner, die ihm nach der Papierlage überlegen waren? Das galt es zu verhindern, mit allen Mitteln. Da er nicht über alle Mittel verfügte, sondern sein Repertoire eher beschränkt war, wählte er den ihm vertrauten Weg. Diesmal suchte er Caesar auf, alleine unter vier Augen. Was er zu sagen beabsichtigte, sollte keine Zeugen haben. Caesar wollte seinen Ohren nicht trauen, als er seinen ehemaligen Günstling sagen hörte:»Sie wissen, dass das Auswahlverfahren zweifelhaft ist, immerhin bearbeitet eine Kollegin die Bewerbungen. Sollte ich den Posten als Geschäftsführer nicht bekommen, werde ich das gesamte Verfahren anfechten.« Und da, siehe oben, im öffentlichen Dienst die Auswahlverfahren anderen Transparenzregelungen unterliegen als in der Wirtschaft, reichte alleine dieser Hinweis, um deutlich zu machen, dass damit die Besetzung der Stelle über Monate blockiert worden wäre. Die persönliche Empörung bei Caesar ob dieses kaum verhohlenen Erpressungsversuches war groß, sehr groß sogar. Man könnte sagen, er war wutentbrannt.

Die Rücksprache mit der politischen Spitze ergab dann eine Neubewertung der Situation. Das Ergebnis: Der Auswahlprozess wurde eingestellt, die bereits zur Präsentation vor dem Aufsichtsrat geladenen Kandidatinnen und Kandidaten wurden wieder ausgeladen (sie erhielten quasi unbemerkt den Dolchstoß) und – Sie ahnen es bereits – Brutus wurde zum neuen Geschäftsführer bestellt. So macht man Politik. Soll keiner glauben, dass Brutus diesen Teil seines Geschäftes nicht beherrsche. Und er beherrschte noch etwas anderes. Im Gegensatz zu Caesar und seiner Clementia Caesaris, also der Milde im Umgang mit der Gegnerschaft, entledigte sich Brutus konsequent aller, von denen er sich in Amt und Würde gefährdet fühlte. Hier legt er eine von ihm an anderer Stelle noch nie praktizierte Konsequenz an den Tag.

Des Dolchstoßes dritter Teil: Als Brutus die Insignien der Macht übernommen hatte und offiziell Geschäftsführer war, lud er die ehemals mit der Korrespondenz und Vorsortierung der Bewerbungen beauftragte Mitarbeiterin zu einem unverfänglich scheinenden Termin ein. In diesem eröffnete er ihr, dass er die Zusammenarbeit beende und sie doch bitte unten rechts unterschreiben solle. Die ausgefertigte Aufhebungsvereinbarung lag druckwarm zwischen den beiden auf dem Tisch. Spüren Sie ihn? Den Stich? Egal ob von vorne oder hinten. Er sitzt. Schmerz.

Typisch für den Business-Brutus ist die Argumentation in dieser Situation. Er begann mit »Ich schätze Ihre Arbeit sehr«, kam über »Sie haben einen zu hohen Leistungsanspruch, das sagen auch die anderen« zu »Sie wollten mich als Geschäftsführer verhindern und haben mir beim Auswahlverfahren keine Punkte gegeben«, bevor er endete mit »Sie schauen mich und die beiden anderen seit dem Vorfall mit dem Arsch nicht mehr an«. (Anmerkung: Gemeint sind diejenigen, die sich verschworen hatten.)

Als die Mitarbeiterin sich weigerte, die Aufhebungsvereinbarung zu unterzeichnen, schob Brutus binnen Minuten eine betriebsbedingte Kündigung nach. Natürlich ging es hier nicht um eine betriebsbedingte Kündigung, sondern um einen als betriebsbedingte Kündigung verschleierten Willkürakt. Mit der Kündigung erfolgte die sofortige ›begleitete‹ Freistellung, ohne Übergabe oder Verabschiedung von Kollegen und Kolleginnen sowie Kunden. (Zitat eines Kollegen: »Wie ein Verbrecher vom Hof gejagt!«) Das Ganze dauerte keine Stunde. Was für ein kongenial inszenierter Racheakt. So entledigt man sich seiner gefühlten Feinde: unter Missachtung aller arbeitsrechtlichen Normen und der Gebote des Anstands. Glauben Sie jetzt aber bitte nicht, dass Brutus frohlockt hätte. Es tat dies alles zum Zwecke des Selbsterhalts, nicht aus Freude. Gefühlt hatte er gar keine andere Wahl. Wer den Dolchstoß als probates Mittel der Selbstverteidigung betrachtet, geht davon aus, dass alle Menschen so ticken wie er. Konsequenterweise fühlt sich Brutus permanent bedroht und jeder Mensch ist eine latente Gefahr, zumindest mal für seinen sicheren, herausforderungsfreien Arbeitsplatz, der für ihn die Welt bedeutet.

Um zu unterstreichen, dass der Rechtsstaat funktioniert (der echte Brutus würde sich freuen), hier das Ende der Geschichte:

Die Mitarbeiterin legte Kündigungsschutzklage vor dem Arbeitsgericht ein. Dort wurde entschieden, dass die Gründe für die als ›betriebsbedingt‹ ausgewiesene Kündigung nicht belegbar waren und die Kündigung damit unwirksam war. Das Ergebnis: eine Abfindung im fünfstelligen Bereich.

Fazit

Brutus hat klare Vorstellungen davon, wie die Dinge zu sein haben. Und Brutus ist vorsichtig, das ist eine seiner großen Stärken. Sein oberstes Ziel ist Sicherheit – seine Sicherheit. Jede Art von gefühlter Bedrohung aktiviert sein Selbsterhaltungsprogramm und entfesselt Schwächen und schlechte Seiten. Aus Angst wird Feigheit. Er kennt nur eine Bewältigungsstrategie: weg mit der Gefährdung. Um jeden Preis. Zumindest um jeden, den er nicht selbst zahlen muss.

Zudem unterliegt er einem Irrglauben: Je höher, desto sicherer. Das müsste er bereits seit der Schulzeit besser wissen. Tut er aber nicht, er rettet sich ans oberste Ende der Fahnenstange und glaubt, sich dort anstrengungsfrei halten zu können. je höher, je mehr Dienstwagen, je mehr Verantwortung, desto sicherer und desto ruhiger gestalten sich die Arbeitstage. Nee. So läuft das nicht. Nicht in der Wirtschaft und wahrscheinlich auch nicht im öffentlichen Dienst. Hoffentlich nicht.

Der Business-Brutus führt nicht. Will er wirklich nicht und kann er auch nicht. Das hat Vorteile, weil Mitarbeitende machen können, was sie möchten. Zumindest solange sie sich im Rahmen der Vorstellungen von Brutus bewegen. Das birgt große Freiheiten. Er lässt seine Leute in Ruhe. Zumindest so lange, wie sie ihn in Ruhe lassen. Herausforderungen mag er nur im geschützten Raum. Das Feld da draußen meidet er konsequent, dort wurden ihm schon zu viele Wunden geschlagen. Er will nur noch seine Ruhe. Brutus hätte nicht der Versuchung erliegen sollen, Geschäftsführer zu werden. Jetzt bleiben seine Tage unruhig und die Feinde lauern gefühlt überall.

Typische Verhaltensmuster und Sprachbeispiele

Feedbackverhalten

Er vermeidet direkte Rückmeldungen, da sie latent Konfliktpotenzial bergen. Wenn er ein Feedback gibt, dann nur halbernst: Er ummantelt die Botschaft mit Ironie oder Sarkasmus. Am liebsten möchte er einfach nur freundlich und entspannt die (Arbeits-)Zeit miteinander verbringen.

Persönliches Verhalten

Er ist risikoavers und konfliktscheu. Versteckt sich hinter Zynismus, während er schluckt und schluckt und schluckt. Bis er nicht mehr schlucken kann. Dann entlädt er sich eruptiv, ohne jede Vorankündigung, an unerwarteter Stelle und völlig unverhältnismäßig.

Kommunikationsverhalten

Er bleibt vage, bevorzugt Konjunktive, lässt eigene Sätze notorisch unbeendet. Fragen werden ausweichend oder gar nicht beantwortet. Zielvereinbarungen sind für ihn ein Trauma. Dann windet er sich geradezu mitleiderregend.

Ein typischer Dialog zu einem x-beliebigen Thema

Mitarbeitender: »Wie viel darf die Aktion denn kosten?«
Brutus: »Was soll sie denn kosten?«
Mitarbeitender: »Schwer zu sagen. Wie viel haben wir denn im Budget?«
Brutus: »Das kommt drauf an.«
Mitarbeitender: »Okay. Worauf denn?«
Brutus: »Gute Frage.«

Was könnte der Business-Brutus reflektieren?

Angst essen Seele auf. Das Schlimme an irrationaler Angst ist, dass sie einen paranoid macht. Selbst wenn es gar keine Bedrohung gibt, verharren die Betroffenen mit gezücktem Messer in Verteidigungsgrundstellung. In dieser Haltung kann man weder der Mensch werden, der man sein könnte, noch die Führungskraft, die Mitarbeitende verdienen. Eine Tragödie mit dem Business-Brutus als tragischem Held. Nur er selbst kann diesen Akt beenden.

Macht verlangt Mut. Alles andere wäre wie ›Wasch mich, aber mach mich nicht nass!‹. Geht einfach nicht. Also müsste der Business-Brutus aus der Deckung kommen, sich seine Stellung und sein Gehalt aufrichtig verdienen oder aber sich verstecken und es sich als Sachbearbeiter oder -bearbeiterin mit Ärmelschoner in einem warmen Büro gemütlich machen, ohne Titel, Dienstwagen und mit Tariflohn. Auch gut.

Nicht alle ticken so wie er selbst. Deshalb könnte es der Business-Brutus mal mit Vertrauen versuchen. Was hat er zu verlieren, außer einem Job. ;-)

Tipps an die Mitarbeitenden eines Business-Brutus

Genießen und schweigen. Es sei denn, Sie sind Therapeut. Alle Nichttherapeuten: Genießen Sie die Anspruchslosigkeit und nutzen Sie die Freiräume, in Form von Zeit und Ziellosigkeit, für die eigene Entwicklung. Machen Sie die Dinge mit Ruhe, recherchieren Sie umfangreich, tauschen Sie sich mit den anderen im Team aus, lernen Sie eine weitere Fremdsprache im Dienst. Und dann gehen Sie woanders hin. Dahin, wo Sie sagen werden, was Sie denken, und tun dürfen, was Sie können. Dahin, wo es Rückenwind gibt.

Der Gernegroß

Die Geschichte

Der Gernegroß führte einen Familienkonzern, der mit dreistelligen Millionenumsätzen aufwarten konnte, mit einem cleveren Geschäftsmodell solide Gewinne erwirtschaftete und in seiner Heimatstadt einen guten Namen hatte. Der Gernegroß hatte das Unternehmen nicht aufgebaut, sondern von seinem überaus erfolgreichen Vater übernommen und hatte damit ein großes Erbe angetreten. Hatte dieser das Unternehmen noch im Sinne eines wohlwollenden Patriarchen allein geführt, so war dies dem Gernegroß nicht mehr möglich, da das Unternehmen im letzten Jahrzehnt so erfreulich schnell gewachsen war, dass die Geschäftsführungsaufgabe für eine Person allein zu groß geworden war. So agierte der Gernegroß als Speerspitze eines vierköpfigen Geschäftsführungsteams, das außer ihm mit angestellten Geschäftsführern besetzt war.

Das Unternehmen galt in der Region als modern und aufgeschlossen hinsichtlich seiner Ansätze der Arbeitszeitgestaltung, des Umweltbewusstseins, der Social Responsibility und vieler weiterer Themen. Der Gernegroß war ein überaus freundlicher und überall gern gesehener Gast. Er war in seiner Branche und zu den maßgeblichen Multiplikatoren der Region hervorragend vernetzt, war charmant und eloquent, ein häufig eingeladener Redner, der trotz des großen Erfolgs seines Unternehmens auf dem Boden der Tatsachen, ja, ›Mensch‹ geblieben zu sein schien. Er hatte zu allen aktuellen Themen seiner Branche, aber auch zu Führungsthemen, eine vorbildliche moderne Einstellung.

So weit, so gut. Nur verfügte der Gernegroß auch über eine zweite Seite, die hinter der Fassade des Unternehmers und Menschenfreunds noch eine ganz andere Person verbarg und die die Aufnahme in den Reigen der hier Porträtierten mehr als angebracht erscheinen lässt.

»Wir machen für das gesamte Geschäftsführungsteam einen halbjährlichen Gesundheitscheck und sorgen dafür, dass alle fit bleiben.

Das liegt mir sehr am Herzen!« Mit dieser Vorstellung kam er eines Morgens zu seinem HR-Geschäftsführer, der erst seit ein paar Monaten im Unternehmen war.

»Ah okay, aber ist Gesundheit nicht Privatsache und sollten wir die Kollegen nicht erst fragen, ob sie damit einverstanden sind?«, antwortete der Geschäftsführer überrascht.

»Das kommt auf die Tagesordnung der nächsten Sitzung und dann beschließen wir das so. Das ist unsere gemeinsame Verantwortung für das Unternehmen. Das sehen sicherlich alle so.« Gut, dachte der HR-Geschäftsführer. Wenn das der Wunsch ist, soll es so sein. Als er von diesem Thema allerdings weder auf der vereinbarten Sitzung noch danach wieder etwas hörte, ließ er es dabei bewenden. Offensichtlich war die Begeisterung des Gernegroß ebenso schnell verflogen, wie sie gekommen war.

»Die Frau Hanke aus Ihrem Bereich performt ja schon seit drei Monaten nicht mehr so wie sonst. Ich habe sie zur Rede gestellt, dass das so nicht geht und sie mehr leisten muss. Wollen Sie da nichts unternehmen?« Mit dieser Frage überraschte der Gernegroß zu einer anderen Gelegenheit seinen HR-Geschäftsführer. Der diesem nachgeordnete Bereichsleiter hatte nicht erwähnt, dass es ein Problem gebe, sodass sich der Geschäftsführer etwas Zeit ausbat, um die Sache zu klären. Er ärgerte sich insbesondere, als er mit dem Bereichsleiter sprach und dieser ihm erklärte, dass er kürzlich einmal die Gelegenheit in der Kantine genutzt habe, dem Gernegroß von diesem akuten Problem zu berichten, und dieser auch gleich reagiert habe.

Der Geschäftsführer machte seinem Mitarbeiter etwas verärgert klar, dass er bitte solche Themen zunächst mit ihm selbst besprechen möge, damit man zusammen eine Lösung finden könne, und es zudem vor dem Gernegroß keinen guten Eindruck mache, wenn der zuständige Geschäftsführer nicht über akute Themen informiert sei.

Anschließend bat der HR-Geschäftsführer den Gernegroß, dessen Managing by Bypass aufzugeben, da es seine eigene Position schwäche und er sich nicht im Unternehmen etablieren könne. Die unwirsche Reaktion des Gernegroß kam für ihn allerdings wiederum überraschend. Dieser erklärte, dass das Unternehmen aufgrund seines Eingreifens dynamischer werde und er wertvolle Hilfestellungen leiste.

Es gab viele andere Situationen, in denen der Gernegroß voll des Lobs für seinen neuen HR-Geschäftsführer war, zum Teil auch bei Dingen, die dieser gar nicht als so besonders empfand. Lob vor der versammelten Belegschaft, vor dem Aufsichtsrat, in der Geschäftsführerrunde – der Gernegroß geizte nicht damit, wenn ihm etwas gefiel. Die etwas schalen Blicke seiner Geschäftsführungskollegen entgingen ihm. Sie waren nicht erwähnt worden.

»Welche Erklärung gibt es für die schlechten Verkaufszahlen des gestrigen Tages? Die Umsätze sind katastrophal im Vergleich zu den Tagen davor!« Wutentbrannt stürmte der Gernegroß eines Tages in das Büro des Vertriebsgeschäftsführers.

»Vermutlich eine Korrekturbuchung aus den Tagen zuvor, es ist aus dem Markt keine negative Entwicklung bekannt. Ich werde das prüfen und melde mich dann mit der Erklärung.«

»Das ist unfassbar! Das muss in der Geschäftsführungssitzung besprochen werden! Ich erwarte, dass der zuständige Bereichsleiter das vorträgt und haarklein analysiert! Hier geht uns das ganze Geschäft vor die Hunde! Ich kann mich hier ja wohl auf niemanden verlassen!« Der Abgang des Gernegroß war ebenso erbittert wie sein Auftritt. Die Antwort würde am Ende nichts Beängstigendes zutage bringen, das war dem Vertriebsgeschäftsführer bereits klar.

In der kommenden Geschäftsführersitzung erklärte der zuständige Bereichsleiter dann, dass ein Kunde eine größere Gutschrift erhalten habe, die den Tageswert schmälere, die in allen Prognosen aber bereits enthalten gewesen sei. Alles in allem kein Grund, in Sorge zu verfallen. Der missgelaunte Gernegroß ging immer weiter in die Details und der Bereichsleiter hatte sich gut vorbereitet, sodass er alles stringent erklären konnte. Der Gernegroß wurde allerdings nicht ruhiger, sondern sprang plötzlich vor Wut schäumend auf, rief den Anwesenden zu, dass er offensichtlich nicht mehr gebraucht werde, da sich ja alle einig seien. Man solle beginnen, strategisch zu denken und sich aus dem intellektuellen Klein-Klein zu lösen. Mit diesen Worten verließ er die Sitzung, nicht ohne zum Abschluss die Tür hörbar zuzuschlagen.

Im Markt agierte das Unternehmen des Gernegroß innerhalb einer strategischen Allianz. Neben weiteren Partnerunternehmen mit ähnlicher Größe wurde diese Allianz im Wesentlichen durch einen der Partner, die RichtigGroß AG, dominiert. Der hatte die für alle wichtige Lieferanten- und Produktmanagementfunktion inne, übertraf in seiner Größe alle weiteren Partner um ein Mehrfaches und wurde schon lange nicht mehr von den Eigentümern, sondern von einem angestellten Managementteam geführt.

Abstimmungen innerhalb dieser Allianz liefen im Kern immer so ab, dass die RichtigGroß AG am Ende alle ein wenig übervorteilte, aber alle noch ihr Auskommen hatten. Rücksicht auf die Bedürfnisse der kleinen Partner nahm man nicht, vielmehr wartete man nur auf einen günstigen Zeitpunkt, um die lästigen kleinen Partner zu übernehmen. Der Gernegroß liebte es, in den Abstimmgesprächen mit der RichtigGroß AG in die Rolle des Moderators zu schlüpfen, allen Beteiligten regelmäßig den Segen der Allianz zu erklären und seine stets volatilen strategischen Gedankenspiele zu teilen. Zudem suchte er bei Besuchen in der Konzernzentrale von RichtigGroß immer wieder das Gespräch und die Nähe zu den dortigen Führungskräften – auch im direkten Kontakt mit der zweiten und dritten Führungsriege.

Seine drei Geschäftsführerkollegen baten ihn regelmäßig, sich bei der RichtigGroß AG etwas rarer zu machen. Mit seinen direkten Interaktionen hatte er sein eigenes Geschäftsführungsteam quasi ›kaltgestellt‹, bei RichtigGroß wollte man nur noch mit dem Eigentümer persönlich sprechen und nahm sonst niemanden mehr ernst. Zudem fehlte das wichtige Verhandlungselement der Gesprächseskalation.

Auf die Bitte eines seiner Geschäftsführer, sich – wenn überhaupt – nur noch mit dem Topmanagement von RichtigGroß zu treffen, um letztlich wieder Verhandlungsstärke aufzubauen, reagierte er verärgert. Er agiere agil und dynamisch, während sein Geschäftsführer wohl noch in überholten Verhaltenskodizes der Großindustrie gefangen sei. Dessen Snobismus bringe das Unternehmen nicht weiter. Eine harsche Abfuhr.

Geschäftserfolge erzielte der Gernegroß auf diesem Weg keine, bei

RichtigGroß waren alle Führungskräfte angewiesen, gegenüber dem Gernegroß überaus freundlich zu sein, aber keinerlei wirtschaftliche Zugeständnisse zu machen.

So ergötzte sich der Gernegroß daran, dass er in seiner Wahrnehmung der einzige Partner war, der von RichtigGroß für voll genommen werde und der auch menschlich ›eng am Partner‹ sei. Er überstrahlte alles. Die anderen Partnerunternehmen belächelten ihn im Verborgenen und trafen in der gleichen Zeit in den Hinterzimmern immer wieder kleine, aber feine Individualabsprachen und sicherten sich auf diesem Weg wirtschaftliche Vorteile. Der Gernegroß wollte dies allerdings nie wahrhaben.

In Summe war sein Unternehmen finanziell so überaus potent, dass es sich den besonderen Managementstil des Gernegroß leisten konnte. Er brachte insbesondere seine direkten Mitarbeitenden regelmäßig um den Verstand, aber man verzieh ihm vieles, da er als Eigentümer des Unternehmens letztlich derjenige war, der allen ihre Arbeitsplätze sicherte und dem man in dieser Stellung besondere Rechte zugestand.

Fazit

Der Gernegroß liebte es, seine Umgebung zu überstrahlen. Er brauchte das Gefühl, von allen gemocht zu werden, und das sowohl in seiner Eigenschaft als Mensch wie auch aufgrund seiner vermeintlich überragenden Managementfähigkeiten und Führungsqualitäten. Ihm gefiel das Bild von sich als Gönner, der mit seinem Unternehmen eine karitative Stiftung unterhielt, häufig für Schulen und andere gemeinnützige Einrichtungen spendete und ›alles‹ für seine Mitarbeitenden tat. Über dieses Mindset verfügte er aber nicht wirklich, vielmehr war es eine Rolle, in die er als moderner Unternehmenslenker gerne schlüpfte. Und für die man ihm huldigen sollte.

Er konnte diese Rolle nicht ausfüllen. Seine strategische Visionskraft wurde nivelliert durch eine übermäßige Sprunghaftigkeit – die ihm selbst als geniale Agilität erschien. Seine phasenweise Lust an operativen Themen brachte seiner unmittelbaren Umgebung aufgrund des von ihm verbreiteten Durcheinanders eher Mehrarbeit statt Entlastung ein.

Sein Unternehmen, das er als modern, hierarchisch flach und überaus dynamisch darstellte, war in Wahrheit eine streng hierarchische Organisation, wie man sie in den 1980er-Jahren favorisiert hatte. Es gab streng gehütete Funktionssilos, die alle strikt auf die Anweisungen des Gernegroß ausgerichtet waren und die sich gegenseitig äußerst missgünstig beäugten, um gegenüber dem Firmenlenker jeweils als beste Einheit dastehen zu können. Auch das Bild des Menschenfreundes bekam regelmäßig Kratzer. Beispielsweise wenn er Kritikpunkte an der Belegschaft kurzerhand in seine Rede zu Beginn der Weihnachtsfeier einbaute.

Auch konnte er es nicht verstehen, warum sich niemand in der Belegschaft an einem heißen Sommertag richtig freute, als der Gernegroß mittags einen Eiswagen in die Firma kommen ließ und die gesamte Belegschaft einlud. Dass das möglicherweise daran lag, dass alle Mitarbeitenden seit zwei Monaten in Kurzarbeit waren und insbesondere diejenigen mit geringen Gehältern dringend ihr Geld statt eine gratis Eistüte herbeisehnten, verstand er nicht.

Typische Verhaltensmuster und Sprachbeispiele

Feedbackverhalten

Der Gernegroß verfügt über großartige rhetorische Fähigkeiten. Darüber hinaus denkt er, dass er auch über ausgeprägte Leadership-Qualitäten verfüge. In Summe führt dies zu der Angewohnheit des Gernegroß, häufig und ausgiebig Feedback zu geben. Dies kann großflächiges positives Feedback sein, auch für Dinge, die Sie als gar nicht so besonders erachten, aber auch unreflektiertes Negativ-Feedback. Machen Sie sich darauf gefasst, dass dieses wie ein Sturzbach auf Sie herabprasseln wird. Diese Situationen werden möglicherweise auch unfair sein, denn der Gernegroß muss bei diesen Gelegenheiten seinen Frust loswerden. Mit Einwänden Ihrerseits werden Sie mit hoher Sicherheit noch weiteren Zorn auf sich ziehen, also lassen Sie es über sich ergehen – auch wenn Ihnen das äußerst schwerfällt. Es gibt nur einen Vorteil: Am nächsten Tag wird der Gernegroß üblicherweise schon viele neue Themen entdeckt haben, die ihn brennend interessieren. Er fliegt von Blüte zu Blüte.

Kommunikationsverhalten

Der Gernegroß liebt es, aktiv zu kommunizieren. Er hört sich gerne selbst zu. Er hat keine Scheu davor, Mitarbeitenden auch harte Kritik zu geben. Ist diese inhaltlich überzogen, rechtfertigt er dies vor sich selbst mit der großen Verantwortung, die er als Unternehmer tragen müsse und die ihn manchmal zwinge, hart gegenüber Dritten zu kommunizieren. So weit sein persönliches Erklärungsmodell.

Was ihm fehlt, ist von Zeit zu Zeit das Gefühl für den richtigen Moment.

Arbeitsverhalten

Der Gernegroß ist keinesfalls faul. Wenn wichtige Themen wie Aufsichtsratssitzungen bevorstehen, wird er seinen Teil dazu beitragen. Allerdings zeigt sich auch hier seine fehlende Strukturiertheit. Arbeitet er selbst Dinge aus, fängt er grundsätzlich viel zu spät an, beschäftigt mindestens zwei Assistentinnen oder Assistenten und hat die für ihn wichtigsten Ideen immer erst am Abend vor einer wichtigen Sitzung, was für alle, die ihm zuarbeiten müssen, Mehrarbeit bedeutet. Seine Ergebnisse sind nicht schlecht, aber der Aufwand zu deren Erstellung und die verursachte organisationale Unruhe stehen dazu in keinem angemessenen Verhältnis. Er verbreitet operative Hektik und hält die Mitarbeitenden eher auf, als dass er sie unterstützte.

Persönliches Verhalten

Für den Gernegroß ist die Welt in Ordnung, solange er den Eindruck hat, dass alles in seinem Unternehmen so passiert, wie er es persönlich wünscht. Das ist in der Regel der Fall. Er gibt sich dann jovial, geht offen auf die Mitarbeitenden zu, weiß viel Privates über sie und fragt gerne nach.

Ist allerdings etwas nicht so gelaufen, wie er es sich vorgestellt hatte, schlägt das Pendel seiner Laune schlagartig in die andere Richtung aus. Unbedachte Äußerungen von Mitarbeitenden über Dinge, die vielleicht nicht ideal funktionieren, wird er kurzerhand dem zuständigen Kopf des Teams vorwerfen und er wird sich dabei nicht unbedingt fair verhalten. Er neigt dazu, kleine Missstände zum Anlass zu nehmen, das große Ganze infrage zu stellen. Kündigungen von langjährigen Mitarbeitenden können die Folge sein.

Ein typischer Dialog zu einem x-beliebigen Thema

Gernegroß (GG): »Ich habe da eine neue Idee. Wir kaufen ein Internetunternehmen und digitalisieren unser Stammgeschäft! Ich habe da etwas bei der IHK gehört.«
Mitarbeiter (MA): »Okay, gute Idee. Was haben Sie sich genau vorgestellt?«
GG: »Habe ich doch eben gesagt. Digitalisieren. Alles! Wir müssen viel digitaler werden!«
MA: »Ja, aber das ist sehr weitläufig. Ich weiß nicht, wo ich da anfangen sollte. Wir sollten dazu mal einen Workshop abhalten.«
GG: »Ja, unbedingt! Großartige Idee! Dann laden wir gleich noch den IHK-Präsidenten dazu ein und einen Fotografen für die Dokumentation. Arbeiten Sie das mal bis Mittwoch aus. Wir müssen ganz vorne dabei sein!«
Zwei Tage später: Mittwoch.
MA: »Ich habe hier ein Konzept für den Workshop erarbeitet. Der IHK-Präsident hätte sogar Zeit!«
GG: »Nein, warum das denn? Das ist doch überholt! Machen alle!

Wir müssen uns mal auf die Dinge konzentrieren, die wir richtig gut können! Digitalisierung ist doch nur heiße Luft. Wir werden Kostenführer im Kerngeschäft! Dazu brauche ich ein Konzept!« MA (verzweifelt): »Ja, natürlich. Ich setze mich dran ...«

Was könnte der Gernegroß reflektieren?

Der Gernegroß könnte reflektieren, dass die fortwährende Anerkennung und Zustimmung, auf die er in seinem Unternehmen im täglichen Umgang mit den Mitarbeitenden trifft, nicht aus einer tief empfundenen Anerkennung seiner Arbeit resultieren. Er könnte dann den Grund verstehen: Sie sind nämlich vielmehr dem Umstand geschuldet, dass Mitarbeitende an ihm als Unternehmenseigentümer oder hoch angesiedelter Führungskraft niemals Kritik äußern würden. Denn mal ehrlich: Das würden Sie sicherlich auch nicht tun, oder?

Sein Unternehmen hat sich über die Jahre zu einer Organisation von ›Jasagern‹ entwickelt. Der Gernegroß sollte reflektieren, dass bei dieser Form der Führung wichtige Expertenmeinungen verloren gehen, da sie nicht geäußert werden. Das ist nie vorteilhaft für ein Unternehmen.

Schließlich wäre die Kenntnis der eigenen Schwächen ein lohnendes Ziel fortgesetzten Nachdenkens. Das Bewusstsein über die eigene Sprunghaftigkeit und die fehlende Fähigkeit, tagesaktuelle Dinge pünktlich und zuverlässig zu bearbeiten, wäre wichtig. Ein direkter Rat könnte lauten: »Lerne, Entscheidungen zu treffen und vor allem mit den negativen Konsequenzen deiner Entscheidungen zu leben. Denn diese wird es immer geben.«

Tipps an die Mitarbeitenden eines Gernegroß

Bleiben Sie realistisch, was Ihre Möglichkeiten angeht. Sind Sie intelligenter als der Gernegroß? Schön. Bringen Sie Businesserfahrungen mit, die über das Wissen des Gernegroß hinausgehen? Prima. Sind

Sie strukturiert, arbeiten Sie Aufgaben konsequent und zielstrebig ab? Auch gut. Führen Sie Ihr Team mit Weitsicht und menschlicher Nähe und arbeitet Ihr Team vielleicht sogar gerne mit Ihnen? Das sind alles eigentlich gute Voraussetzungen für eine beneidenswerte Karriere. Wenn Sie allerdings mit einem Gernegroß zusammenarbeiten, besteht aufgrund Ihrer Eigenschaften überall das Risiko, dass Sie diesen in Ihrer Wirkung überstrahlen. Das ist eine Situation, die der Gernegroß auf Dauer nicht akzeptieren wird, da er niemanden außer sich selbst in so einer Rolle ertragen könnte.

Machen Sie also Ihre Arbeit ausgezeichnet, suchen Sie aber häufig die Nähe des Gernegroß, bringen Sie ihm neue Ideen ausgiebig näher und stellen Sie dabei heraus, wie inspirierend die Zusammenarbeit mit Ihrem Chef für Sie ist. Haben Sie noch direkte Kollegen und Kolleginnen, die ebenso von dem Vertrauen des Gernegroß abhängig sind? Dann schmieden Sie hier keine zu engen Koalitionen. Bleiben Sie mit ihnen auf Distanz. Der Gernegroß muss sich stets sicher sein, dass Ihre volle Aufmerksamkeit nur ihm gehört.

Bleiben Sie in Ihrer Außendarstellung zurückhaltend und denken Sie daran, wo Ihr Platz ist: maximal in der zweiten Reihe oder noch weiter hinten. Bleiben Sie dort, helfen Sie, dem Gernegroß medienwirksame Außenauftritte zu verschaffen, und rücken Sie ihn stets ins rechte Licht.

Der Paradoxe

Die Geschichte

Dieser Typus zeichnet sich durch seine nahezu perfekte Tarnung aus. Den Paradoxen als den zu identifizieren, der er ist, dauert oft lange und ringt Mitarbeitenden wie Unternehmen alles ab. Das innere Muster, das den Paradoxen kennzeichnet, wird in der Psychologie ›passiv-aggressiv‹ genannt. Im Kern bedeutet es nichts anderes, als dass eine Person ›Ja‹ sagt und ›Nein‹ tut. Das aber nicht offensichtlich, sondern immer schön unterm Radar. Wer jetzt denkt, der Paradoxe sei ein perfide daherkommender, schlechter Mensch, der irrt. Das für den Paradoxen im Arbeits- und Führungsverhalten Typische geschieht völlig unbewusst. Vor Gericht bekäme er dafür also mildernde Umstände. Wobei ich Ihnen sagen kann: Wenn Sie mit diesem Exemplar eine Weile zusammengearbeitet haben, stellen Sie das ernsthaft infrage – so heuchlerisch, sabotierend und enttäuschend ist die Wirkung des Paradoxen. Er ist toxisch für Mitarbeitende und Unternehmen. Und leidet doch vielleicht selbst am meisten.

Der Paradoxe in dieser Geschichte ist Leiter einer Abteilung von zentraler Bedeutung in einem mittelständischen Unternehmen. Bevor er eine fünfwöchige Reha antrat, verabschiedete er sich bei der Unternehmensleitung mit folgenden Worten: »Tschüss. Und ich wollte Ihnen noch etwas sagen … (Kunstpause): Also … (Kunstpause) …. In meiner Abteilung tickt eine Zeitbombe … Ich kann sie hören. Sie auch? … Ticktack! Ticktack! Ticktack! Und wissen Sie was? … (verschwörerischer Blick) … Die kann in den nächsten fünf Wochen jederzeit hochgehen. Jawoll! Vielleicht wird sie das auch (Kunstpause) … Aber ich kann Ihnen nur sagen … (Kunstpause) … ich werde nicht da sein, um sie zu entschärfen. So ist es … (tiefes Ein- und Ausatmen) … Dann mal tschüss. Wir sehen uns in fünf Wochen.«

Der Satz ist geradezu brillant in seinem Verschnitt aus Schwarzeneggers »Hasta La Vista, Baby« und Kerkelings »Ich bin dann mal weg«. Also: Der Abteilungsleiter war klug genug, die Gefahrenlage in seinem Team zu erkennen (noch wusste niemand außer ihm, um welche Probleme es sich dabei genau handelte), cool genug, sie hollywoodreif zu kommunizieren … – und machte sich dann schulterzuckend von dannen. Einfach so. Dabei ging es um nicht weniger als seine Mitarbeitenden, die er da laut eigener Aussage gerade mit irgendeiner Bombe am Bein zurückließ. Das ist es, was den Paradoxen kennzeichnet und woran Sie ihn identifizieren können: seine Ambivalenz. In dieser Situation einerseits die nicht zu überhörende Drohung (›tickende Bombe‹), andererseits die gehörige Portion Phlegma (›und tschüss‹). Und noch etwas Typisches zeigen seine Worte: dass er keine Verantwortung übernimmt, nicht einmal für eine in seiner Abteilung tickende Bombe. Denn er fühlt sich ebenfalls als Betroffener, als Opfer – Opfer der Umstände und all dieser unfähigen Menschen um ihn herum. Mit dieser alles entscheidenden inneren Haltung, abseits jeglicher Selbstwirksamkeit, macht der Paradoxe die ihm anvertrauten Mitarbeitenden zu tatsächlichen Opfern. Und das ist, über sein Einzelschicksal hinaus, das wirklich Tragische an ihm und seinem Führungsverhalten!

Der Hinweis auf die tickende Bombe führte dazu, dass sich eine andere Führungskraft in der rehabedingten Abwesenheit des Paradoxen dessen Abteilung einmal ansah. Ich würde Ihnen jetzt gerne sagen, dass dabei Überraschendes zum Vorschein gekommen sei. Das wäre aber gelogen. Denn es gab sie, die Anzeichen, Fingerzeige und Hinweise. Und zwar lange bevor der Paradoxe seine Reha antrat. Sogar sehr lange davor. Es gab tatsächlich ein lautes und weithin zu vernehmendes Ticktack, genau genommen viele Ticktacks.

Zum Beispiel hatte eine Mitarbeiterin um eine Gehaltserhöhung gebeten. Der Paradoxe stellte ihr diese in Aussicht – allerdings nicht ohne darauf hinzuweisen, dass er das nicht alleine entscheiden könne, dafür brauche es die Zustimmung des Geschäftsführers. Er werde sich aber natürlich darum kümmern. Vier Monate später fragte die Mitarbeiterin den Paradoxen, ob er schon etwas habe klären können. Er bedauerte, noch nichts erreicht zu haben. Weitere vier Monate später fragte die Mitarbeiterin erneut. Er vertröstete sie abermals. Noch einmal sechs Monate später entgegnete er auf die wiederholte Nachfrage der Mitarbeiterin, dass es in der nächsten Woche einen gemeinsamen Termin mit dem Geschäftsführer geben werde. Die Mitarbeiterin wähnte sich, nach nunmehr vierzehn Monaten, am Ziel. Aber es gab keinen Termin, weder zu diesem avisierten Datum noch zu irgendeinem anderen in den nächsten neun Monaten. Der Paradoxe erklärte seiner Mitarbeiterin dazu achselzuckend, dass der Geschäftsführer den Termin nun schon zum x-ten Male abgesagt habe und er auch nicht mehr wisse, was er noch machen solle. Die Lage sei einfach aussichtslos. Und er am Ende seiner Mittel. Seit der ersten Frage der Mitarbeitenden nach einer Gehaltserhöhung waren mittlerweile fast zwei Jahre vergangen. Ticktack! An diesem Beispiel werden unter anderem auch die unglaubliche Geduld und Leidensfähigkeit von Mitarbeitenden deutlich. Zwei Jahre Warten, um die Antwort auf eine Frage zu bekommen. Unglaublich. Diese Mitarbeitende war aber nicht nur leidensfähig, sondern auch entschlossen. Also schrieb sie nun den Geschäftsführer selbst an und bat um den nötigen Termin.

Als nur zehn Tage später die Mitarbeitende, der Paradoxe und der Geschäftsführer beisammensaßen, wurde offenkundig, dass der Geschäftsführer zum ersten Mal von dem Anliegen der Mitarbeitenden hörte. Es war niemals ein Termin dazu angesetzt worden und demnach war auch keiner von ihm einmal oder gar mehrmals abgesagt worden. Zu allem Überfluss stand die Frage im Raum, warum der Paradoxe sich nicht in seiner Funktion als Abteilungsleiter eigenständig um die Gehaltserhöhung gekümmert habe. Ticktack!

Wenn Sie jetzt meinen, der Paradoxe wäre vor Scham in den beteppichten Boden versunken, dann irren Sie. Ganz im Gegenteil. Auch im Angesicht der gravierenden Widersprüche saß er da in stoischer Ruhe, beständig nickend (wozu eigentlich?), und breitete das Mäntelchen des irgendwie entstandenen Missverständnisses über die Situation. Die Mitarbeitende bekam ihre Gehaltserhöhung. Endlich. Nach zwei Jahren. Übrigens ihrerseits ohne jeden Anflug von Dank, dafür mit dem (leisen) Kommentar: »Ich bin zwei Jahre darum betrogen worden. Das kann man nicht mehr gutmachen.« Ticktack!

Ein anderer Fingerzeig auf die Bombenbauerfähigkeiten des Paradoxen waren die unterirdische Stimmung in seinem Team und die deutlich zur Schau getragene Abgrenzung vom Rest des Unternehmens. Als zum Beispiel im Unternehmen Fotos für eine neue Website und eine Recruiting-Kampagne gemacht wurden, war dies die einzige Abteilung, die sich geschlossen der Aktion verweigerte. Die tagesaktuelle interne Bekanntgabe von Geburtstagen boykottierte das Team ebenfalls in Gänze. Sie wollten nicht, dass andere aus dem Unternehmen wissen, wann sie Geburtstag haben, und sie wollten auch keine Glückwünsche bekommen. Das war mehr als ein Fingerzeig, das waren unübersehbare Indizien. Indizien dafür, dass eine passiv-aggressive Haltung zumindest in Teilen ansteckend und von Mensch zu Mensch übertragbar ist. Auf erschreckende Weise war hier der ansonsten zu Recht obsolete Spruch »Wie der Herr, so ’s Gescherr« hautnah zu erleben.

Wie konnte das geschehen? Der Paradoxe hatte über Jahre sein Team chloroformiert, indem er es mit verzerrten Informationen infiltrierte und vom Rest des Unternehmens absonderte. So lange, bis die durch diese Desinformation und Manipulation fehlgeleiteten Mitarbeitenden nicht mehr zwischen Freund und Feind unterscheiden konnten und in der Folge auch den Paradoxen nicht infrage stellten. Auf die Idee, dass jemand das eine sagt und konsequent das Gegensätzliche tut, muss man erst mal kommen.

Ein weiteres Beispiel für die Führungs- und Lösungsunfähigkeit des Paradoxen ist die Tatsache, dass Mitarbeitende seines Teams seit Jahr und Tag am Wochenende Dienst schoben. Obwohl, ja obwohl das, was sie unter der Woche machten, am Wochenende gar nicht oder nur im Ausnahmefall stattfand. Ticktack! Das wurde während der rehabedingten Abwesenheit des Paradoxen deutlich. Was es für diese bahnbrechende Erkenntnis brauchte? Wenig. Genau genommen zehn Minuten Gespräch mit dem Team. Nach diesen zehn Minuten wurden die Präsenzschichten an den Wochenenden durch eine Rufbereitschaft ersetzt. Was zu einer enormen Entlastung des ganzen Teams führte und das Problem der exorbitanten Überstunden löste. Es war nicht so, dass die Mitarbeitenden mit dem Paradoxen nicht darüber gesprochen hätten. Im Gegenteil, sogar immer wieder. Dieser hatte auch immer wieder Zustimmung signalisiert … und Ablehnung praktiziert. Natürlich mit einem Verweis dieser Art: »Das ist nach oben nicht durchsetzbar. Und wir sind hier unverzichtbar, auch am Wochenende, weil die anderen keine Chance haben, das ohne uns hinzubekommen. Die sind einfach zu unfähig. Deswegen müssen wir ran. Das ist wirklich furchtbar. Das sage ich auch seit Jahren, aber es hört ja keiner auf mich.« Die da oben hatten nur zu keinem Zeitpunkt etwas von diesem Thema gehört. Ähnlich wie bei der Gehaltserhöhung gab der Paradoxe vor, sich nach oben zu engagieren, während er was tat? Richtig: nichts!

Selbst wenn er sich mitteilt, hat er permanent das Gefühl, dass niemand auf ihn höre. Der Paradoxe bringt seinen Missmut nie direkt, sondern immer nur indirekt zum Ausdruck. Eine offene Diskussion, ein klärendes Gespräch, dazu ist der Paradoxe nicht in der Lage. Er tritt vordergründig anpassungsfähig bis unterwürfig auf, folgt aber am Ende nur einem: sich selbst.

Der Paradoxe ist gelebte Ambivalenz: Er signalisiert Zustimmung, praktiziert aber Verweigerung. Als Nebelkerze dient dabei sein hohes Aktivitätslevel, er hat immer etwas zu tun, ist umtriebig und scheint voll bei der Sache. Wird sein Vermeidungsverhalten doch einmal enttarnt, dann kann er dieses nach außen wortreich und rational begründen und kommt auf diese Weise lange, oft zu lange, damit durch. Insgesamt ist es ganz schön schwierig, dem Paradoxen auf die Schliche zu kommen.

Jetzt, nachdem Sie das gelesen haben, gelingt es Ihnen vielleicht etwas schneller. Denn da, wo man den Paradoxen machen lässt, endet es tatsächlich so, wie er es selbst angekündigt hat: Ticktack! Die von ihm gebaute Bombe explodiert. Der Paradoxe wird aber nicht unter den Opfern sein. Definitiv nicht. Er entschwindet in den Rauchschwaden oder war schon vorher dann mal weg, zum Beispiel in die Reha oder Längeres. Der Paradoxe ist beileibe kein Opfer, auch wenn er sich selbst so fühlt. Er ist auch kein schrulliges Maskottchen, selbst wenn er rundgelutscht vom vielen Winden und Ausweichen manchmal so daherkommt. Er ist hartnäckig und eigensinnig seinem Muster verfallen, ein gut getarnter Ressourcen- und Motivationsvernichter und für ein Unternehmen und seine Mitarbeitenden toxisch.

Fazit

Der Paradoxe wirkt engagiert und immer bei der Sache, trotzdem mag er es nicht, wenn man Anforderungen oder Ansprüche an ihn stellt. In seiner Wahrnehmung wird er im Vergleich zu anderen sowieso bereits über Gebühr in die Pflicht genommen. Der Paradoxe reagiert mit der für ihn typischen Ambivalenz: Er sagt zwar ›Ja‹, verhält sich aber wie ›Nein‹.

Der Paradoxe ist nicht in der Lage, Emotionen wie Ärger oder Enttäuschung zu verstoffwechseln und nach außen differenziert und lösungsorientiert damit umzugehen. Alles wird von ihm nur umständlich durch die Blume und auf Umwegen gesagt, oft zynisch verpackt. Dabei ist sein Ziel nicht der Austausch oder die Klärung, sondern einzig, beim Gegenüber ein schlechtes Gewissen zu erzeugen. Genau das ist seine Bewältigungsstrategie und die Reaktion, an der er sich laben kann. Es ist die einzige Form von Wirksamkeit, die er sich angesichts seiner gefühlt nicht vorhandenen Selbstwirksamkeit erlaubt.

Für die anvertrauten Mitarbeitenden ist ein solches Verhalten extrem schädlich, da sich Ärger und Unzufriedenheit immer weiter aufbauen und Konflikte nie wirklich gelöst werden. Sie schwelen immer weiter und führen irgendwann zum Flächenbrand oder zur bereits erwähnten Explosion.

Der Paradoxe fühlt sich dabei in keinster Weise für irgendetwas verantwortlich. Im Gegenteil, er ist es, der immer missverstanden und dessen übergroßes Bemühen nie gewürdigt werde. Durch diese Wahrnehmung kann er das Selbstbild eines verkannten Einzelkämpfers aufrechterhalten, als der er sich sieht … oder alternativ des Opfers, als das er sich fühlt. Auch in dieser paradoxen Verkehrung von Täter und Opfer bleibt er sich konsequent treu. Die Widersprüchlichkeit seines Handelns entzieht sich völlig seinem Bewusstsein und seiner Wahrnehmung. Ein ziemlich hoffnungsloser Fall, dem es damit übrigens auch selbst alles andere als gut geht. Im vorliegenden Beispiel folgte der Reha eine mehrwöchige Arbeitsunfähigkeit. Solange beim Paradoxen das passiv-aggressive Muster im persönlichen toten Winkel verbleibt, kommt sein Verhalten einer Selbst- wie Fremdsabotage gleich.

Typische Verhaltensmuster und Sprachbeispiele

Feedbackverhalten

Der Paradoxe gibt kein Feedback, jedenfalls keines, mit dem sein Gegenüber arbeiten könnte. Entweder kommt ein oberflächlicher, undifferenzierter Allgemeinplatz oder er gibt zum Beispiel diese Rückmeldung:»Ist ja jetzt auch egal ...« Übersetzt bedeutet dieser Satz: Ich habe keine Lust mehr, mit dir zu diskutieren, werde dir aber noch lange vorhalten, dass du mir nicht zugestimmt hast.

Kommunikationsverhalten

Typisch für den Paradoxen sind Sätze wie:»Ich sage das schon seit Jahren, aber niemand hört mir zu«,»Ich renne ständig gegen Mauern«,»Die kapieren das einfach nicht«. Seine Sprache ist oft verächtlich und geprägt von Spötteleien.

Arbeitsverhalten

Der Paradoxe scheint immer bemüht und sich um alles zu kümmern. Und hat dann zu viel Arbeit für zu wenig Zeit. Im Ergebnis tritt er auf der Stelle. Und mit ihm alle anderen.

Ebenfalls ein sprachliches Kennzeichen des Paradoxen ist der Satz:»Wir machen es einfach so, wie Sie es vorgeschlagen haben ...« Das Perfide daran: Wer jetzt denkt, er hätte den Paradoxen überzeugt, der irrt leider gewaltig. Wie so viele Formulierungen bedeutet auch diese eigentlich das genaue Gegenteil und der Paradoxe wartet in der Folge nur auf den ersten Fehler, um dann zu seinem unvermeidlichen»Ich hab's doch gleich gesagt, das kann nicht klappen« anzuheben.

Persönliches Verhalten

Der Paradoxe verhält sich verlässlich ambivalent: Er sagt ›Ja‹ und tut ›Nein‹. Auch immer wieder gerne von ihm genutzt wird folgende Ausflucht:»Das habe ich doch gar nicht so gemeint …« Ein raffinierter Satz, mit dem er sich aus der Affäre zieht. Das, was der Paradoxe machte oder sagte, hat zum Beispiel bei einem Mitarbeitenden eine negative Wirkung erzeugt. Mit dem anschließenden »Das habe ich doch gar nicht so gemeint …« entledigt sich der Paradoxe mal eben der Verantwortung für die Konsequenzen seines vorherigen Tuns oder Sagens. Ein großes Schwammdrüber, mit dem er seine Spuren beseitigen will. Egal, wie es dem anderen geht.

Ein letztes Beispiel: Wenn Sie einen Paradoxen fragen: »Hast du was?«, werden Sie diese Antwort bekommen: »Nein, es ist nichts …«, und dazu eine etwas völlig anders ausdrückende Körpersprache. Der Paradoxe sagt nicht offen, was ihm nicht passt, lässt es Sie aber umso stärker spüren. Eine Krankschreibung ist zum Beispiel auch eine nicht selten gewählte Form des Spürenlassens.

Ein typischer Dialog zu einem x-beliebigen Thema

Kollegin:»Herr Paradox, was halten Sie denn von der neuesten Entwicklung im Unternehmen?«
Der Paradoxe:»Welche Meinung möchten Sie denn hören? Meine ganz persönliche oder die offizielle?«
Kollegin:»Ähm, gibt es da einen Unterschied?«
Der Paradoxe (süffisant lächelnd und mit verschwörerischem Blick):»Ja, was glauben Sie denn?«
Kollegin:»Ich habe keine Ahnung.«
Der Paradoxe:»Also …« (Es folgt ein minutenlanger Monolog, an dessen Ende so etwas hängen bleibt wie:»Das habe ich schon vor Jahren angeregt … Jetzt haben die es auch endlich kapiert … aber glauben Sie mir, da wird eh nichts draus!«)

Was könnte der Paradoxe reflektieren?

»Für deinen Selbstwert bist du selbst verantwortlich.« Der Paradoxe ist nicht weniger wert als jeder andere. Vielleicht aber auch nicht mehr. Er sollte sich fragen, warum er andere abwerten muss, um sich selbst aufzuwerten.

»Du bist so selbstwirksam, wie du selbst bestimmst, wirksam zu sein.« Das Leben ist die Summe der eigenen Entscheidungen. Wir sind keine Marionetten. Hängen nicht an Fäden. Jede Bewegung, die wir machen, machen wir selbst! Der Paradoxe sollte sich fragen, wer ihm einredet, dass er keinen Unterschied machen kann.

Ja sagen und Nein machen ist kein Kavaliersdelikt, sondern Lüge. Wenn der Paradoxe ein Lügner sein will, dann einfach weitermachen. Falls nicht: Öhrchen steif halten, Pobacken zusammenklemmen (das nennt man Mut) und entweder vorher Nein sagen oder nachher mitmachen (das nennt man Integrität).

#MeToo – Opfer sind andere. Der Paradoxe fühlt sich als Opfer. Kann das sein? Führungskraft! AT-Gehalt! Verantwortung für anvertraute Mitarbeitende! Wenn er überhaupt etwas in dieser Phalanx ist, dann Täter. Er hat in seiner Rolle als Führungskraft Macht. Das ist eine gute Nachricht. ER IST KEIN OPFER! Der Paradoxe sollte sich fragen: Wem kann ich heute helfen? Wen kann ich heute vorwärtsbringen?

Tipps an die Mitarbeitenden eines Paradoxen

Ihr Chef hat ein Problem. Ein großes und zudem ganz persönliches. Die Ursachen dafür gehen weit zurück und haben nichts mit Ihnen zu tun. Deshalb können Sie auch nichts für Ihren passiv-aggressiven Chef tun. Aber viel für sich selbst. Die dem Paradoxen immanente Widersprüchlichkeit werden Sie nicht auflösen, aber Sie können sie im Arbeitsalltag ganz einfach ignorieren. Da, wo Ihr Chef sich windet, zum Problem im Allgemeinen und zum Elend im Besonderen, klären Sie ganz einfach nur den nächsten konkreten Schritt. Lassen Sie sich nicht ablenken oder einlullen und starten Sie keine Volltextsuche in seinen langen Monologen. Hören Sie auf dem Sachohr und holen Sie sich genau das an Information oder Befugnis, was Sie für Ihren nächsten Schritt brauchen – und nicht mehr. So kommen zumindest Sie weiter, Schritt für Schritt.

Der Manipulationskünstler

Die Geschichte

Maßgeschneiderte Anzüge aus der Savile Row, rahmengenähte Schuhe, Hemden mit Monogramm, die Krawatte immer perfekt gebunden, das gesamte Outfit überaus geschmackvoll. Ein perfekter Gentleman. Oder zumindest nahe dran. Das war der erste Eindruck, den man vom Manipulationskünstler gewann.

Der Manipulationskünstler war Geschäftsführer für Personal einer stark gewerkschaftlich beeinflussten Tochtergesellschaft in einem internationalen Konzern. Diese herausgehobene Position, für die man nicht nur das Vertrauen des Vorstands und der Aufsichtsräte und -rätinnen brauchte, sondern zudem noch die Gewerkschaften auf seiner Seite wissen musste, hatte er bereits mit Anfang vierzig erreicht, was mit Fug und Recht als beeindruckend bezeichnet werden musste.

Der Manipulationskünstler beeindruckte nicht nur mit seinem Kleidungsstil, sondern ebenso mit seinem Verhalten gegenüber seinen Mitmenschen. Ungeachtet der hierarchischen Verortung war er stets freundlich, jovial und betont locker zu den Herren und dezent charmant gegenüber den Damen. Wenn man ihn auf den Fluren antraf, grüßte er immer nett und hatte von Zeit zu Zeit sogar ein persönliches Wort für sein Gegenüber übrig. Auch die entfernter von ihm arbeitende Belegschaft kannte er trotz der großen Organisation oft mit Namen. Für den ersten Eindruck gibt es bekanntermaßen keine zweite Chance. Und der Manipulationskünstler punktete hier zuverlässig. Ein sympathischer Mensch, der offenbar nie die Bodenhaftung verloren hatte und dem der große Erfolg nicht zu Kopf gestiegen war.

Der zweite Eindruck betraf die Arbeitsweise des Manipulationskünstlers. Seine Organisation schottete er nach außen hin komplett ab. Abstimmungen zu Zahlen, Daten oder Fakten waren äußerst schwierig von den Köpfen der Abteilungen unseres Protagonisten zu erhalten. Mal waren Personalzahlen ›noch nicht zusammengestellt‹, mal ›leider noch nicht mit dem Chef abgestimmt‹, ›in der Mache‹ oder ›im Loop‹ – was immer Letzteres wohl bedeuten mochte. Das wurde nie klar. Die Counterparts im Finanzbereich, die die finanziellen Auswirkungen der Personalplanungen auf die Kosten der Gesellschaft beurteilen mussten, waren oft verzweifelt, weil sie an keine Informationen herankamen. Personalzahlen waren ein Mysterium. So war in jeder Sitzung mit dem Konzernvorstand die Präsentation des Manipulationskünstlers eine Wundertüte für die übrigen Anwesenden. Neue Personalstrategien oder Verbesserungsprogramme, Konzepte zum Personalabbau, Weiterbildungsinitiativen: Alles konnte passieren und selten war etwas im Kollegenkreis der Geschäftsführung abgestimmt.

Seine Kollegen und Kolleginnen hatten sich daran gewöhnt, fragten vor solchen Sitzungen ebenso regelmäßig wie erfolglos nach relevanten Themen. »Hi Leute!«, begrüßte er die anderen, wenn er in die Vorbereitungsmeetings kam, »ich bin da noch mit der Gewerkschaft im In-Fight, kann euch noch nichts sagen, Info kommt aber noch. Ihr wisst ja, wie die sind.« Tja, kam sie auch. In der Sitzung.

Natürlich wurde der Manipulationskünstler in Treffen mit dem Vorstand auch mal härter angegangen, denn auch die Übrigen aus der Führungsriege wussten, wie unzuverlässig der Manipulationskünstler und sein Team in der Zusammenarbeit waren. Aber der Manipulationskünstler war smart und wickelte den Vorstand in den allermeisten Fällen ein. »Wir brauchen von Ihnen jetzt eindeutige und nachhaltige Aussagen!« Kamen solche Anwürfe, konterte der Manipulationskünstler: »Das verstehe ich. Da bin ich selbst hinterher. Derzeit sind wir in ganz kitzligen Abstimmungen, da dürfen wir kein Risiko eingehen. Daher muss ich schauen, wann ich das Thema überhaupt spielen kann!« Meistens war ›das Thema‹ dann erledigt. War ein Vorstand doch mal ernsthaft ungehalten, spürte er plötzlich die beruhigende Hand des Personalvorstands – des Chefs des Manipulationskünstlers – auf seinem Arm. »Der Manipulationskünstler ist da dran an dem Thema, das hat er mir eben vor der Sitzung berichtet. Lass ihn mal machen!«, raunte der Personalvorstand dann seinem Kollegen ins Ohr und die Schlinge um den Hals des Manipulationskünstlers löste sich.

So lief das Berufsleben nach außen sichtbar hervorragend für den Manipulationskünstler. Er war fast unantastbar und fand genügend Zeit, den Dingen nachzugehen, die ihn wirklich interessierten. Das waren neben seiner Kleidung im Wesentlichen drei Sachen: ein deutschlandweit bekannter Verein und Rekordmeister der Fußballbundesliga, die Smartphones und Gadgets eines kalifornischen Herstellers und sein Dienstwagen. Bei Letzterem musste es immer die PS-stärkste Variante eines deutschen Premiumherstellers sein, beim Smartphone immer das letzte Modell und beim Fußball war die Sportschau nur die zweitbeste Wahl. Der Manipulationskünstler schaute die Spiele europaweit am liebsten in einer VIP-Lounge im jeweiligen Stadion, wovon er in Sitzungen gerne und ausführlich berichtete. Die Prominenten, die er getroffen hatte und mit denen er nun auf Du und Du war, machten einen großen Teil der Spielberichte aus.

Immer mal wieder passierten in diesen Jahren Dinge, die das Umfeld überraschten. Nachgeordnete Personalmanager und -managerinnen wurden plötzlich, aber ohne viel Aufsehen ihres Amtes enthoben und verließen den Konzern zwar mit fürstlichen Abfindungen, aber ansonsten für sie selbst außerordentlich überraschend und wurden schnell ersetzt. Über die Gründe erfuhren Dritte kaum etwas, alles passierte geräuschlos. Gab es in anderen Ressorts einmal Schwierigkeiten mit Führungskräften und kam jemand mit einem Problem zum Manipulationskünstler, wusste dieser völlig überraschend stets schon über die entsprechende Person Bescheid. »Mach dir keine Sorgen, der Mann bringt schon seit zwei Jahren keine Leistung, ist schlecht vernetzt und hat keine Unterstützung im Kollegenkreis. Es wäre besser, er würde nicht mehr bei uns arbeiten. Ich habe da auch schon einen Ersatz oder kann dir einen guten Headhunter für die Suche nach dem Nachfolger empfehlen. Wir machen es einfach so, wie du dich komfortabel fühlst!« Er löste die Probleme der anderen aus dem Führungskreis. Sein Wissen über persönliche Details von problematischen Managerinnen und Managern, mit denen er nie ein persönliches Wort gewechselt hatte, war beängstigend. Er wusste mehr über sie als deren Führungskräfte und viele fragten sich, wie ihm das gelang.

Wie das ging? Seine gesamte Führungsriege war – wie ein Geheimdienst – darauf ausgerichtet, zu jedem Zeitpunkt alle Informationen bereitzuhalten, die irgendwann einmal von Bedeutung werden könnten. Und dabei ging es immer um das große Personal-Monopoly. Die Organisation war effizient, nach außen hin verschlossen und lieferte jede benötigte Information.

Das Konzept war erfolgreich. Dem Manipulationskünstler gelang es, als der Tag gekommen war und sein Chef in den Ruhestand ging, in den Vorstand aufzurücken. Er hatte alle Stakeholder in den Monaten vor der Entscheidung von seiner Seniorität überzeugt, hatte verborgene Deals geschlossen, Karrieren besiegelt und neue eingeleitet. Alle fühlten sich komfortabel.

Jetzt wurde sein Leben noch besser. In Vorstandssitzungen widmete er sich ausgiebig seinem Smartphone und wurde von einem Sitznachbarn einmal dabei beobachtet, wie er minutenlang hingebungsvoll in einem Online-Shop nach neuen Wildleder-Oxfords Ausschau hielt. Sein Dienstwagen durfte nun gemäß Richtlinie aus der Oberklasse sein, er schwatzte dem Aufsichtsrat aber sogar ein Modell ab, das noch weit oberhalb der schon freizügigen Richtlinie lag, »schließlich will ich morgens schnell im Büro sein«. »Wenn es hilft, dann soll es so sein!«, sprach der Aufsichtsratsvorsitzende und ließ den Manipulationskünstler gewähren.

Eine unerreichte kommunikative Glanzleistung vollführte der Manipulationskünstler, der noch jovialer und kumpelhafter geworden war, als er in seinem neuen Dienstwagen, bei dem bereits die Lautsprecheranlage fast so viel Aufpreis erzeugte, wie ein normaler Kleinwagen kostet, zu den Sozialplanverhandlungen einer Tochtergesellschaft fuhr. Keine Erbostheit der Verhandlungspartner ob dieser unsensiblen Geste, mussten doch 500 Menschen das Unternehmen verlassen, stattdessen erfreute sich der versammelte Betriebsrat mit dem Manipulationskünstler an seiner Benzinschleuder. Und an den Erzählungen darüber, wie der Manipulationskünstler sein Wochenende verbracht hatte: beim Champions-League-Finale in London in der Mitte der europäischen A-Prominenz. Kein Neid, kein Eklat aufgrund der Pietätlosigkeit in dieser ernsten Verhandlungssituation, es war unglaublich. Er hatte sie alle im Griff. Eingewickelt in ganz weiche Watte. In seiner Anwesenheit waren diejenigen, mit denen er es zu tun hatte, glücklich.

Das galt aber nicht für alle. Sein Gespür für Probleme und für Leute, die vielleicht zum Problem werden könnten, war einzigartig. Eine Führungskraft, die man befördert hatte, aber bei der die Personalabteilung auf Geheiß des Manipulationskünstlers schlichtweg ignorierte, die zugesagte Gehaltserhöhung auch umzusetzen, wurde eines Tages ins Sekretariat des Manipulationskünstlers eingeladen. »Hi, Herr Dr. Y, schön, dass Sie da sind! Ist ja super, dass es geklappt hat. Sollen wir Ihnen erst einmal einen Kaffee besorgen? Gehen Sie ruhig schon mal hinein – bin gleich bei Ihnen!« Der Eingeladene freute sich, das Gespräch fing gut an, endlich gerieten die Dinge doch noch in Schwung. Der Manipulationskünstler kam kurze Zeit später in sein Büro, schloss die Tür und setzte sich zu seinem Besucher in die Sitzgruppe.

»Also, Dr. Y, das wird jetzt hier heute kein Gehaltsgespräch.«

»Oh, das überrascht mich jetzt. Worüber möchten Sie dann sprechen?« »Sie müssen jetzt aufhören, nach der Gehaltserhöhung zu fragen, der CEO ist schon darauf aufmerksam geworden und stinksauer, weil Sie freche Forderungen stellen. Hören Sie jetzt besser auf, sonst kann ich nichts mehr für Sie tun, wenn Sie verstehen.« Der Mitarbeiter traute seinen Ohren nicht. »Aber entschuldigen Sie bitte, ich habe nie Forderungen gestellt, sondern nur an die mit mir getroffenen Vereinbarungen erinnert. Sie haben mir eine Erhöhung fest zugesagt.«

Der Manipulationskünstler schüttelte den Kopf. »Das stimmt nicht. Es war nie eine Gehaltserhöhung im Spiel. Sie haben doch den Jobtitel, das reicht. Mehr kann ich nicht für Sie tun. Wir sind jetzt auch durch hier.« Sprach's, stand auf, öffnete die Tür und geleitete die sprachlose Führungskraft nach draußen. Diese fand erst später wieder Worte. Wut darüber, überrumpelt worden zu sein, und eine riesige Enttäuschung führten nach wenigen Monaten dazu, dass der verdiente Mitarbeiter nach langen Jahren den Konzern verließ, um sein Glück an anderer Stelle zu suchen. Ein Verlust für den Konzern, den der Manipulationskünstler in den entsprechenden Gremien aber als großen Gewinn verkaufte. Und es gelang ihm wieder einmal.

Fazit

Das Konzept des Manipulationskünstlers war über Jahre erfolgreich. Er mochte sich selbst, das, was er tat, und wie er es tat. Das führte zu einer großen Zufriedenheit seinerseits, die er auch ausstrahlte. Er pflegte seine Vorlieben für alle sichtbar, und das in einem Ausmaß, dass sich immer wieder Situationen ergaben, die Heerscharen von Fach- und Führungskräften außerhalb des Personalressorts zum Fremdschämen veranlassten, die ihn aber nie zu Fall brachten. Eine dieser Situationen war ein bestimmtes Datum im Herbst, als in den USA die neueste Version des Lieblingssmartphones unseres Protagonisten in die Läden kam. Da der Erscheinungstermin in Deutschland erst rund einen Monat später angesetzt war und der Manipulationskünstler nicht so lange warten wollte, wurde kurzerhand ein Mitarbeiter in einen Linienflug nach New York gesetzt, um dem Manipulationskünstler schnellstmöglich ein Gerät zu beschaffen. Fragen Sie jetzt nicht nach Compliance. Bitte nicht.

Der Manipulationskünstler war ein geschickter Manager. Selten sind hochrangige Führungskräfte zu beobachten, die sich so wenig für ihr Business interessieren wie der Manipulationskünstler. Von den Dingen, die auf dem Shopfloor passierten, wusste er kaum etwas. Natürlich konnte er die großen Zusammenhänge erklären. Sein Asset war, dass er das People's Business kannte. Wer konnte gut mit wem, wer hatte mit wem noch ein Hühnchen zu rupfen, wer würde sich langfristig an wem für welche Tat ›rächen‹, diese Themen hatte er dank der Zuträger aus seinem Ressort bestens im Griff.

Und seine Stakeholder stellte er auch zufrieden. Aus Sicht der Shareholder gelang es ihm, die Arbeitnehmerseite in einer grundsätzlichen Dialogbereitschaft zu halten. Und der letztgenannten Gruppierung versicherte er durch Jovialität und Bereitschaft zum Intrigenschmieden seine Verbundenheit. Ansonsten hat er Karrieren zerstört, Lügen zu einer hohen Managementkunst erhoben und war ansonsten nie da, wo echte Probleme waren.

Ein erfolgreiches persönliches Managementkonzept. Ob dies mit Ihren Werten vereinbar ist, müssen Sie entscheiden.

Typische Verhaltensmuster und Sprachbeispiele

Feedbackverhalten

Der Manipulationskünstler zeigt kein ausgeprägtes Feedbackverhalten. In seiner Lebensplanung ist die Entwicklung von Mitarbeitenden nicht vorgesehen. Ist er mit Ihrer Zuarbeit zufrieden, wird er Ihnen hier und da ein freundlich formuliertes Lob zukommen lassen. Negatives Feedback mit dem Ziel, Sie in Ihren Fähigkeiten und Ihrer Persönlichkeit weiterzuentwickeln, werden Sie vom Manipulationskünstler nicht erhalten. Sein Interesse liegt nicht in Ihrer Weiterentwicklung, denn Sie spielen in seinem Kosmos keine wichtige Rolle. Daher sollten Sie eher misstrauisch werden, wenn Sie von ihm schon länger kein Lob mehr erhalten haben. Er erwartet von Ihnen einfach Zuverlässigkeit in den Dingen, die für ihn aktuell relevant sind. Wenn Sie diese über längere Zeit nicht liefern können, wird er Sie aus seinem Umfeld entfernen.

Kommunikationsverhalten

Der Manipulationskünstler sieht es als seine Aufgabe an, die Organisation in seinem Sinne zu manipulieren – und zwar so, dass das am besten niemandem auffällt. Er manipuliert andere, indem er ihre Bedürfnisse erfragt. Er schmiedet Koalitionen und Oppositionen, hebt Führungskräfte in den Himmel und initiiert später auch ungerührt ihren Absturz, sofern dies seinen Zielen entgegenkommt. Für die Kommunikation des Manipulationskünstlers steht somit nur eine Sache fest: Sie ist vordergründig freundlich, aber selten aufrichtig und sie genügt primär dem individuellen Ziel, das der Manipulationskünstler gerade verfolgt.

Arbeitsverhalten

Der Manipulationskünstler mag es gar nicht, sich selbst mit Details zu beschäftigen. So stellt er sicher, dass seine Organisation groß genug ist, um ihn mit den für ihn notwendigen Details zu versorgen. Die großen Zusammenhänge lässt er sich von den ihm zugeordneten Führungskräften, die er handverlesen hat, erklären. Das Eintauchen in Details ist nicht seine Sache und er wird es auf jeden Fall vermeiden.

Definiert man seine Rolle als ›Problemlöser‹, so ist er in ihr äußerst effizient. Eine junge Referentin in eine herausgehobene Position als Bereichsleiterin bringen, um der ›ausgefallenen Idee‹ eines mit dieser verwandten Aufsichtsrats Genüge zu tun? Kein Problem. Der gleichen Person drei äußerst erfolgreiche Jahre später diese Position wieder zu entreißen, da es Streit mit dem Betriebsrat gab und Ungemach an dieser Stelle gerade nicht ins Gesamtbild passte? Betrachten Sie es als erledigt.

Der Manipulationskünstler ist vielleicht doch ein effizienter Arbeiter, nur leider häufig in ganz fragwürdigen Themenfeldern unterwegs.

Persönliches Verhalten

Der Manipulationskünstler ist vordergründig freundlich, aber in dem, was er tut, unberechenbar und gefährlich. Kommen Sie ihm besser nicht in die Quere, außer Sie sind mit ebenso vielen Wassern gewaschen wie er. Dann richten Sie sich auf ein langes Gefecht mit vielen kleinen Scharmützeln ein. Überlegen Sie sich genau, ob es das wert ist.

Ein typischer Dialog zu einem x-beliebigen Thema

Teil 1 des Dialogs (im Januar):
Manipulationskünstler (MK):»Hi, Herr X, schön, dass Sie da sind! Ich wollte mit Ihnen einmal über Ihre Beförderung reden.

Also, das ist jetzt alles geklärt, auch der CEO ist einverstanden, ich würde sagen, wir regeln noch die Formalien und im April geht es los. Die Modalitäten erkläre ich Ihnen jetzt noch schnell und dann machen wir das!«

Mitarbeiter X (MA): »Oh, das ist ja toll, ich freue mich sehr und werde mein Herzblut in die Aufgabe legen.«

MK: »Ja, na klar, das machen Sie schon, ich vertraue Ihnen völlig. Also, dann mal bis demnächst.«

Teil 2 des Dialogs (erste Märzhälfte, am Telefon):

MA: »Hallo, ich wollte mich einmal höflich erkundigen, wie wir nun weiter vorgehen wollen, weil noch kein Arbeitsvertrag bei mir angekommen ist.«

MK: »Hi, Herr X, schön, dass Sie anrufen. Also, wir machen da etwas anderes. Ich habe da eine viel interessantere Position für Sie, die wird in drei Monaten frei und passt noch viel besser zu Ihnen! Okay für Sie, oder?«

MA: »Aber wir hatten doch alles festgemacht, ich würde gern die besprochene Stelle antreten!«

MK: »Das war ja erst mal eine Indikation, in welche Richtung es gehen könnte, das haben wir ja auch ganz klar so gesagt, ein unverbindliches Vorgespräch. Aber jetzt sind wir da ganz hart dran.«

MA: »Äh, entschuldigen Sie, das Gespräch war doch ganz anders?«

MK: »Nein, das müssen Sie falsch verstanden haben! Also, ich melde mich, tschüss!«

Was könnte der Manipulationskünstler reflektieren?

»Was sind deine Werte? Hast du ganz grundsätzliche Ethik- oder Moralvorstellungen, denen du folgen möchtest?« Wie sich jede Führungskraft über die Antworten auf diese Fragen im Klaren sein sollte, trifft es auch auf den Manipulationskünstler zu. Aber auf diesen sogar ganz besonders.

»Könntest du auch Zufriedenheit erreichen, ohne immer nur an dich zu denken?« Wären Klarheit, Verlässlichkeit und vor allem Ehrlichkeit nicht auch lohnende Charaktereigenschaften, die du verfolgen könntest?«

Und schließlich:»Hast du dich immer korrekt verhalten und warst ein zuverlässiger Partner? An welchen Stellen hast du deinen persönlichen Vorteil über die Bedürfnisse des Unternehmens und seiner Mitarbeitenden gestellt?«

Tipps an die Mitarbeitenden eines Manipulationskünstlers

Der Manipulationskünstler führt nach innen ein hartes Regime, ohne dass dabei jemals ein böses Wort fallen müsste. Damit Sie sich nicht seinen Unmut zuziehen, sollten Sie sich genau überlegen, was für Ihre Führungskraft jetzt gerade wichtig sein könnte. Welche der Ihnen übertragenen Aufgaben hat für den Manipulationskünstler gerade die höchste Priorität? Lösen Sie genau diese Aufgabe gründlich und schnell. Werden Sie zum stabilen Problemlöser oder zur Problemlöserin für Ihren Chef. So können Sie sich ein Standing erarbeiten.

Ebenso hilfreich könnte es sein, sich für die gleichen Themen wie der Chef zu begeistern. Teilen Sie seine Leidenschaft für amerikanische Smartphones, die Fußballbundesliga oder wissen Sie alles über deutsche Premiumautomobile? Dann lassen Sie das unauffällig in Gespräche mit dem Manipulationskünstler einfließen. Und ganz wichtig: Huldigen Sie Ihrem Chef! Zeigen Sie Bewunderung. Seien Sie fasziniert von seinem neuen Handy, fragen Sie ihn nach seinem Expertenrat beim nächsten Autokauf oder befragen Sie ihn zur Bundesliga. Seien Sie ein kleines bisschen devot. Sie werden sehen, das bewirkt Wunder.

Ihr moralisches Basisempfinden, über das Sie sicherlich verfügen, müssten Sie allerdings während Ihrer Arbeitszeit abstellen. Können Sie nicht? Dann wird es schwierig werden, langfristig erfolgreich mit dem Manipulationskünstler zu arbeiten.

Der Mafioso

Die Geschichte

Der Mafioso erkämpfte sich den Weg zur Macht mit Durchhaltevermögen und von langer Hand geplant. Das Ziel war der Vorstandsvorsitz eines bedeutenden mittelständischen Konzerns und Marktführers in Familienhand.

Zuvor hatte sich der Mafioso als Endvierziger über die Jahre in die zweite Reihe eines großen deutschen Industriekonzerns gekämpft und dabei auf dem Papier alles richtig gemacht. Von Haus aus Schotte war er in den USA aufgewachsen und hatte den Abschluss einer renommierten Universität erlangt. Seine Promotion in Deutschland war eine gute Eintrittskarte für eine spätere Karriere. Ihm war es sogar gelungen, für gelegentliche Vorlesungen von einer deutschen Universität zum Honorarprofessor ernannt zu werden. Nur war ihm der Weg in die erste Reihe im Konzern verwehrt geblieben und es ging für den selbst erklärten Digitalisierungsexperten, der fachlich durchaus kompetent war, nicht weiter.

Der Mafioso fand als Ausweg die nebenberufliche Tätigkeit einer Beiratsposition in dem oben erwähnten Familienkonzern. Dieser verfügte über Milliardenumsätze, stattliche Gewinne sowie mehrere tausend Mitarbeitende und war der Branchenprimus. Beaufsichtigt von einem Beirat, dessen Vorsitz einer der Grandseigneure der deutschen Industrie innehatte, und einer Eigentümerfamilie, die sich im Hintergrund hielt und durch zwei Schwestern repräsentiert wurde.

An dieser Stelle beginnt die Beobachtung des Mafiosos. Den ersten Angriffspunkt für sein weiteres Wirken fand er bei den Schwestern, die sich in der Governance ihres Unternehmens in der Vergangenheit eher unsicher gezeigt hatten. So gelang es ihm im Rahmen einer ersten Intrige, die Schwestern davon zu überzeugen, dass im Beirat ein Generationswechsel vonnöten sei und dass der alte Herr, der das Gremium über viele Jahre mit sicherer Hand geführt hatte, zum alten Eisen geschoben werden sollte. Er selbst – mit all seiner Expertise in den Zukunftsfeldern des Unternehmens – sei dann die ideale Nachbesetzung als Beiratsvorsitzender. So weit eine gelungene Phase 1 gemäß dem Change-Management-Ansatz von John P. Kotter: »Create a sense of urgency.« Doch dazu später mehr.

Dieser erste Streich gelang dem Mafioso zum Erstaunen aller. Es ging im Eiltempo weiter. Auch der bis dahin amtierende Vorstandsvorsitzende sei ideenlos und zu wenig visionär. Als Beiratsvorsitzender habe unser Möchtegern-Al-Capone schließlich die Aufgabe, dem Unternehmen den bestmöglichen CEO zu beschaffen, und der bisherige sei das nun einmal definitiv nicht. Wieder vertrauten ihm die zuvor oft zögerlichen Schwestern und der CEO-Posten wurde vakant. Der Mafioso erklärte, er werde neben seinem Hauptamt in der produzierenden Industrie die vakante Position selbstverständlich übergangsweise selbst ausfüllen, bis er einen geeigneten Kandidaten oder eine Kandidatin gefunden habe.

Sie ahnen, wie dies ausging: Nach kurzer Zeit stand auch für die Schwestern fest, dass ihr wirbelnder Beiratsvorsitzender doch selbst die beste Besetzung für den CEO-Posten sei. Der ließ sich tatsächlich bitten, handelte noch einen langfristigen Vertrag mit einem gigantischen Gehalt aus und wurde inthronisiert.

Von diesem Moment an war in dem beschaulichen Familienkonzern nichts mehr wie zuvor.

Eine komprimierte Lehr- und Lernstunde auch über das Wesen des Mafiosos erhielt die Geschäftsleitung eines Partnerunternehmens, als sich der neue oberste ›Salesman‹, wie er sich selbst gern bezeichnete, zu seinem Antrittsbesuch ankündigte. Bereits eine Woche vorher hatte man herausgefunden, dass der Mafioso in Sachen Veränderungsmanagement auf das Acht-Punkte-Modell von John P. Kotter vertraute, und so wurde auf die Schnelle das Buch für alle angeschafft und von einigen gelesen.

Bereits bei der Begrüßung ein erster peinlicher Moment, als der den Mafioso begleitende Assistent gefragt wurde, wie lange er schon im Unternehmen sei und wie es ihm gefalle.

»Das ist der Michael«, fiel der neue Boss dem jungen Mann ins Wort, als dieser gerade ansetzte, »der ist mein Kofferträger. Früher war ich ein Kofferträger. Jetzt habe ich selbst einen. Das macht der Michael.« Natürlich sprach er den Namen amerikanisch aus:

›Mei-kel‹. Auch dann kam das Gespräch mit dem Benannten nicht in Gang. »Der Michael weiß alles, er kennt alle unsere Businessgeheimnisse. Okay, fast alle. Er ist ein guter Mann. Bei mir kann er viel lernen, wenn er meinen Koffer trägt.« Die anwesenden Herren waren sprachlos und ›der Mei-kel‹ zog es vor, an diesem Abend gar nicht weiter zu sprechen.

In den folgenden Stunden erläuterte der Mafioso seine Ideen, mit denen er aus dem etwas angestaubten Branchenprimus das Digitalisierungszugpferd Deutschlands zu formen gedachte. Dabei hatte er Kotter in Teilen offenbar tief verinnerlicht, wenn auch nur selektiv. Alle Teile, die mit der Vermittlung seiner Ideen und mit der Überzeugung aller Stakeholder – und nicht nur der Eigentümer – zu tun hatten, schien er irgendwie überlesen zu haben.

Kernelement seines Plans war der Kauf eines bestimmten Startups, dessen Technologie er auf das eigene Unternehmen übertragen wollte. Natürlich ein »Multi-Millionen-Euro-Deal«, wie er den Anwesenden eindringlich versicherte.

Sein abendfüllender Monolog streifte alle wirtschaftlichen, politischen und persönlichen Bereiche. »Kennen Sie die Deutschlandchefin von Microsoft?«, fragte er plötzlich ohne Zusammenhang mit dem davor Gesagten. »Sie ist eine gute, nein, eine sehr gute Freundin von mir. Der Michael wird sie kennenlernen. Wir werden einen sehr großen Deal mit ihr machen. Dieser Deal wird sehr gut für uns sein.« Das Namedropping ging an diesem Abend noch weiter, immer wieder wurden bekannte Namen aus Wirtschaft und Politik als ›sehr, sehr gute, persönliche Freunde‹ dargestellt. Beeindruckt war niemand der Anwesenden, weil die Geschichten immer abenteuerlicher wurden und man sich viel Mühe geben musste, diese noch zu glauben. Ansonsten waren die Anwesenden zwiegespalten. Froh, dass sie für diesen Mann nicht arbeiten mussten, aber sie stellten sich auf äußerst schwierige Zeiten in der Zusammenarbeit der nächsten Jahre ein.

Der Abend gipfelte irgendwann in der Frage: »Kennen Sie New York? Kennen Sie New York?« Diese stellte er so, als ob man sich in Deutschland nicht sicher sein könne, ob das jeweilige Gegenüber von dieser Stadt schon einmal etwas gehört habe. Die Runde bejahte. »Kennen Sie Boroughs?« – Ja, die waren den Anwesenden auch bekannt. »Okay, und kennen Sie Mafia?« Einige hielten den Atem an. »Ich erkläre Ihnen jetzt, wie wir zukünftig Geschäfte miteinander machen. Sie haben einen Borough, der Ihnen gehört. Sie sind der Don. Sie machen dort das Business. Sie allein. Unsere anderen Partner bekommen auch einen Stadtteil. Die sind dort der Don. Und ich bin der Don der Dons.« Dass der Mafioso an diesem Abend nebenbei noch fallen ließ, dass er seinen Militärdienst bei den amerikanischen Streitkräften natürlich bei den Special Forces abgeleistet habe und seine Einsätze ihn in den Irak und den Kosovo geführt hätten, haben Sie vielleicht schon geahnt. Jedoch recherchierten die anwesenden Herren genau diese Geschichte und nach kurzer Internetsuche war klar, dass es sich um eine glatte Lüge handeln musste, denn die angeführte Kampfeinheit hatte es an dem bezeichneten Standort nie gegeben. Obwohl: wahrscheinlich nur geheim.

Dieses Bild der Mafiafamilien passte nun so überhaupt nicht mehr zu allen bekannten Kaufmannstugenden, geschweige denn zum Bild des aufrichtigen und anständigen Unternehmers. Die Teilnehmenden konnten sich nur ungefähr vorstellen, wie furchtbar es sein musste, täglich mit diesem Mann zu tun zu haben. Armer Michael.

Der Mafioso forderte von seinen Mitarbeitenden 24/7-Arbeitsbereitschaft ein. Wenn ihm eine Idee in den Kopf kam, rief er den Rest des Vorstands oder die zuständigen Bereichsleiterinnen und -leiter an. Oder auch mal jemanden mit Expertenwissen aus niedrigeren Hierarchieebenen. Die Uhrzeit spielte dabei keine Rolle. Diese Ideen variierten von »Ich brauche morgen früh ein PowerPoint-Chart zum Thema XY« über »Warum hast du diese Aufgabe nicht schon längst erledigt?« bis hin zu »Wir werden ein Multi-Millionen-Unternehmen kaufen und ich brauche morgen früh den Businesscase«. Diese Anrufe waren dabei nie freundlich, sondern stets aufs Äußerste gereizt, sogar aggressiv und verbreiteten Angst und Schrecken auf jeder Ebene. Das umfasste explizit auch die Übrigen im Vorstand, die sich sogar auf Dienstreisen nach Geschäftsessen mit Partnern oder Kunden immer weit vor Mitternacht verabschiedeten, um noch eine bis zwei Stunden am Notebook zu arbeiten und offene dringende Fragen des Mafiosos zu beantworten. Was passierte, wenn man nicht zu seiner Zufriedenheit reagierte, erfuhren einige langjährige und verdiente Führungskräfte des Unternehmens schnell, als ihnen nach jahrelanger Zugehörigkeit von heute auf morgen gekündigt wurde. Der neue CEO hatte für diese Fälle eine neue HR-Managerin eingestellt, die von den operativen Tätigkeiten der Personalabteilung vollständig freigestellt war und sich ausschließlich um die speziellen Fragestellungen des großen Anführers kümmerte.

Der Mafioso legte in den folgenden Monaten ein hohes Tempo an den Tag. Er startete die mit Abstand größte Investition des Unternehmens. Ein Vorhaben, das in früheren Tagen immer wieder an der Gegenwehr der Eigentümerfamilie gescheitert war, die sich um ihre Dividende besorgt zeigte. Und auch die zweitgrößte Investition, der Kauf des erwähnten Start-ups am anderen Ende des Landes, führte er durch. Er jettete so schnell durch die Republik, wie es die Lufthansa zuließ. Dabei war er oft in Begleitung seiner HR-Managerin, die mittlerweile im Internetauftritt des Unternehmens sogar neben dem Vorstand als einzige weitere Führungskraft mit Foto und dem einzigartigen Titel ›Senior Vice President HR‹ dargestellt wurde, von der aber niemand so genau wusste, was eigentlich ihre Aufgaben waren. Rechnungen aus allen Tophotels der Bundesrepublik flatterten in hoher Frequenz ins Haus. Im Adlon zählte er schnell zu den Stammgästen. Schließlich hatte er sich parallel noch zum Vorsitzenden eines großen Branchenverbands wählen lassen und war daher häufig in der Hauptstadt unterwegs.

Zwischendurch wurden missliebige Angestellte gefeuert und der Rest wurde mit Arbeitsaufträgen rund um die Uhr bombardiert. Kleine und große Aufträge, leichte und schwierige. Eine Unart des Mafiosos war es auch, in laufenden Besprechungen, gerade auch in Vieraugengesprächen, im Fünfminutentakt aufzuspringen, den Raum zu verlassen und mit dem Handy ein spontanes Telefonat zu führen.

Sein großes Projekt, die Übernahme des Tech-Start-ups, ging im wichtigen Bereich der Integration nicht voran. Das Unternehmen war nach einer exorbitanten Kaufpreiszahlung zur Tochtergesellschaft geworden. Der Mafioso beauftragte einen Vorstandskollegen mit der Integration und feuerte denselben, als dieser nach sechs

Monaten feststellte, dass die Aufgabe nicht zu bewältigen war. Auch die parallel im Headquarter eingestellten 160 IT-Expertinnen und -Experten konnten daran nichts ändern. Diese stellten sich eher die Frage, was genau sie eigentlich tun sollten. Die Organisation war nicht auf einen so umfänglichen Personalzugang vorbereitet.

Schnell wurde klar, dass es nicht am Vorstandskollegen lag, sondern die Idee an sich einfach zu wenig durchdacht war und deshalb nicht funktionieren konnte. Eine Eigenentwicklung wäre günstiger und schneller gewesen. Die Investition war ein 100-prozentiger Fehlschlag. Der Mafioso arbeitete noch härter und dabei vermutlich rund um die Uhr. Sicherlich war das der Grund, weshalb man ihn häufig morgens aus der Wohnungstür seiner HR-Senior-Vice-Presidentin kommen sah. In deren Wohnung gegenüber dem Hauptsitz des Unternehmens hatten sicherlich schon frühmorgendliche Besprechungen stattgefunden.

Weitere unschöne Ereignisse für den Mafioso häuften sich – zunächst ohne dass er etwas davon mitbekommen hätte. Mehrere seiner Vorstandskolleginnen und -kollegen beschwerten sich bei der Eigentümerfamilie und erklärten, dass sie kurzfristig kündigen würden, weil die Zusammenarbeit menschlich nicht länger zu ertragen sei. Einer der Vorstände meldete sich beim Aufsichtsrat mit dem Hinweis, dass er für den CEO einen ungesetzlichen Vertrag unterschreiben solle und er nach seiner Weigerung nun mit der Kündigung rechne.

Das Ende der Schreckensherrschaft kam bereits nach etwa einem Jahr. Die Eigentümerfamilie, in ihrer sonstigen Passivität durch die Vorstandsmitglieder wachgerüttelt, schaute dem Mafioso nun genau auf die Finger. Zum finalen Verhängnis wurde ihm, dass er ›vergessen‹ hatte, sich die Zustimmung von Familie oder Aufsichtsrat zu seinem Leuchtturmprojekt einzuholen, und sich den großen Akquisitionsdeal einfach selbst genehmigt hatte. Somit endete die Ära des Mafiosos an einem tristen Tag mit einem Hausverbot für ihn selbst, in dessen Verlauf er von einer Security-Firma aus dem Haus geworfen wurde.

Was von ihm blieb? Ein teurer Gerichtsprozess über Abfindungen und offene Restgehälter. Ein verbleibender Vorstand, der plötzlich der Meinung war, dass er nun zu Höherem berufen sei, da er sich sogar gegen den Mafioso behauptet habe. Es begann eine Zeit der Allüren und des gegenseitigen Übertrumpfens, die nicht gesund für das Unternehmen war.

Ach so: und zwei nagelneue Motorräder. Wie das kam? Einige Zeit nach des Mafiosos Abschied rief die Niederlassung eines großen Luxusmotorradhändlers im Headquarter an. Die zwei bestellten Motorräder könnten jetzt abgeholt werden. Ein Herrenmodell und ein kleineres für eine Dame. Besteller sei ein Herr Capone gewesen.

Fazit

Uns ist klar, liebe Leserinnen und Leser, dass sich diese Geschichte von den anderen abhebt und sogar wie ein konstruiertes ›Worst-of‹ wirken muss. Aber den Mafioso gab es wirklich und es gibt ihn immer noch. Nun übrigens bei einem Unternehmen in den USA, wo sein besonderer Führungsstil sich vielleicht sogar besser mit der dortigen Kultur verträgt.

Analysiert man ihn, sieht man einige vielversprechende Ansätze. Er hat ein Big Picture vor Augen, eine strategische Vision, die er umsetzen möchte. Und sogar ein Konzept, dem er folgt, auch wenn er es komplett missverstanden hat: das Acht-Punkte-Modell von Kotter. Er weiß, dass er dies nicht im Alleingang schaffen kann, sondern alle Stakeholder, Eigentümerinnen, Kollegen und Mitarbeiterinnen dazu braucht. Allerdings geht er davon aus, dass er Überzeugung für seine Projekte schlichtweg ›anordnen‹ oder ›kommandieren‹ kann. Er hat sogar ein paar schöne kleine Marotten, die ihn in anderen Fällen fast sympathisch erscheinen lassen könnten, wenn er beispielsweise als Jobposition ›Salesman‹ auf seine Visitenkarte drucken lässt.

Allerdings gelangt man dann schnell an den Punkt, wo der Mafioso die Bodenhaftung verliert. Menschen von Ideen zu begeistern, sie mitzunehmen und zu motivieren, kommt in seinem Führungskosmos nicht vor. Er führt ausschließlich mit Druck und der stetigen Androhung von Repressalien bis hin zum Jobverlust. In Mitarbeitern und Kolleginnen sieht er Erfüllungsgehilfen, die die von ihm hervorgebrachten Ideen möglichst schnell und ohne Rückfragen umzusetzen hätten. Den Geist von Veränderungsmanagement hat er nicht begriffen. Sein Handeln weist auf psychopathische Eigenschaften hin. Regeln, Satzungen, Verträge oder gar Gesetze gelten in seiner Welt für ihn nicht. Und mit diesem Verhalten verlässt er dann auch die Spannbreite an Führungskräften, die ihre Führungsaufgabe zwar nicht gut wahrnehmen, aber im Kern noch mental gesund sind. Das Verhalten dieses Antagonisten ist pathologisch.

Tröstlich für die Mitarbeitenden ist höchstens, dass das Regime eines Mafiosos endlich sein wird, denn er verliert früher oder später seine entnervte Gefolgschaft. Und er ist nicht in der Lage, seine visionären Vorstellungen, so gut sie auch sein mögen, in umsetzbare Teile zu gießen und deren Realisierung sicherzustellen. Daher wird er schnell großflächig Rückhalt verlieren. Seine Anfangserfolge werden großer Ernüchterung über riesige Fehlschläge weichen. Er ist ein Menschenschinder, was in dieser Dimension kein Aufsichtsgremium hinnehmen kann.

Typische Verhaltensmuster und Sprachbeispiele

Feedbackverhalten

Der Mafioso ist nicht daran interessiert, anderen Feedback zu geben und sie auf diesem Weg zu unterstützen. Entweder Mitarbeitende funktionieren in seinem Sinne oder sie erleben einen seiner Wutausbrüche und werden sich Beleidigungen ausgesetzt sehen.

Kommunikationsverhalten

»Kennen Sie (einen beliebigen Wirtschaftsprominenten)?«, »Kennen Sie (Bitcoin oder ein anderes neuartiges Konzept)?« Der Mafioso versucht über seine Fragen Bewunderung des Gegenübers ob seines Wissens und seiner Stellung zu erhalten. Versuchen Sie doch einmal, eine unerwartete Replik zu geben, und antworten Sie mit »Nein. Wer/was ist das denn?« Vielleicht bringen Sie den Mafioso so aus dem Selbstdarstellungsmodus heraus und das Gespräch wird weniger anstrengend.

Arbeitsverhalten

Der Mafioso ist es gewohnt, viele Bälle gleichzeitig in die Luft zu werfen. Fangen können diese dann seine Mitarbeitenden. Auch zehn Bälle parallel, das ist seine Anforderung. Er schreibt nichts selbst auf, entwickelt nichts allein. Es gelingt ihm nur, aus den großen Fluten an Datenmaterial, die ihm bereitgestellt werden, die Informationen zu extrahieren, die ihm in der weiteren Präsentation seiner Vision helfen können.

Das Nachverfolgen und Organisieren von Aufgaben und Prozessen ist ihm zuwider, gegebenenfalls hat er das sogar nie gelernt. Definitiv langweilt es ihn.

Persönliches Verhalten

Sein persönliches Verhalten ist nicht vorhersehbar. Wutausbrüche und ein normales, übliches Diskussionsverhalten können sich im Minutentakt abwechseln.

Er legt strenge Regeln an seine Mitarbeitenden an, die sich rund um die Uhr verfügbar halten sollen. Diese Regeln gelten für ihn selbst nicht, da er über dem System steht.

Ein typischer Dialog zu einem x-beliebigen Thema

Der Mitarbeiter hat am Abend zuvor bis tief in die Nacht eine Unternehmensbewertung für den Mafioso erstellt, die dieser unbedingt noch in der Nacht haben wollte. Nun ist der Mitarbeiter übernächtigt.

Mitarbeiter (MA): »Hallo Chef, haben Sie die Auswertung gesehen? Ich denke, wir können das Unternehmen XY zu einem Preis von 50 Mio. € kaufen!«

Mafioso (M): »Du musst schneller werden und mitdenken, mein letzter Kofferträger war viel schneller als du.«

MA (hofft auf ein Lob): »Ich habe bis spät nachts noch die korrespondierenden Märkte und ihre Entwicklung analysiert, das nahm Zeit in Anspruch, aber jetzt haben wir einen umfassenden Überblick.«

M: »Anyway, was auch immer du analysiert hast. It doesn't matter. Wir werden unsere Wettbewerber zerstören, ob wir sie kaufen oder nicht! Jeden einzelnen! Ich WILL dieses Unternehmen kaufen. Auch gegen den Willen der Eigentümer. Diese Leute sind nicht digital, die sind water under the bridge!«

MA: »Sollten wir nicht den Aufsichtsrat darüber informieren, wie wir weiter vorgehen wollen?«

M: »Junger Mann, du musst von mir noch sehr viel lernen! Meinst du, der Don of Dons fragt jedes Mal seinen Aufsichtsrat? Ruf jetzt den Notar an und sag ihm, morgen will ich den Vertrag sehen! Und von dir habe ich bis morgen früh den fertigen Projektplan!«

MA: »Ich würde heute gerne vielleicht schon um 20 Uhr gehen. Gestern ist es spät geworden …«

M: »Wenn du den Job nicht willst, dann hole ich mir den Mei-kel zurück. I don't care about meine Kofferträger! An die Arbeit! Ich fliege jetzt nach Berlin. Kennst du den Staatssekretär im XYZ-Ministerium? Ein sehr, sehr guter Freund von mir!«

MA geht sichtlich erschöpft in sein Büro.

Was könnte der Mafioso reflektieren?

Würde der Mafioso über sein Verhalten nachdenken und ein Verständnis darüber entwickeln, wie moderne Führung funktioniert und was Mitarbeitende brauchen, damit sie für das große Ziel entflammt werden, ohne dabei zu verbrennen, dann wäre er eine der effektivsten Führungskräfte in diesem Buch.

Leider verliert er gleich zu Beginn der Reise das wertvollste Gepäck: seine Mitarbeitenden. Aber die hätten auf dem Motorrad wohl sowieso keinen Platz gehabt.

Tipps an die Mitarbeitenden eines Mafiosos

Finden Sie heraus, was der große Plan des Chefs ist und welches Konzept er umsetzt. Lesen Sie sich ein und versuchen Sie, ihrem neuen Vorgesetzten im richtigen Moment Fragen zu seinen Plänen, Konzepten und Zielen zu stellen. Hören Sie aktiv zu. Zeigen Sie, dass Sie ihn verstehen. ›Moralisch richtig‹ ist das nicht, aber es geht erst einmal um Ihr Überleben in der Organisation. Je nachdem wie weit Sie hierarchisch vom Mafioso entfernt sind, könnten Sie auch einfach nach dem Prinzip ›BAW‹ gemäß Professor Kruse verfahren: Bend and wait. Bei youtube.com werden Sie dazu fündig werden.

Also ducken Sie sich, bis der Sturm an Ihnen vorbeigezogen ist. Sicher sein können Sie sich an einer Stelle: Es wird nicht zu lange dauern.

Teil 3: Die nur partiell Ver(w)irrten

Der Unterschätzte

Die Geschichte

Der Unterschätzte begegnete den Autoren nicht in einer klassischen Führungsposition in der Wirtschaft, sondern als Professor eines betriebswirtschaftlichen Lehrstuhls an einer Universität. Eigentlich ein völlig anderes Spielfeld, so sollte man meinen, aber unser hier betrachteter Lehrmeister führte auch einen ›Laden‹, wie er ihn nannte, mit fünf Assistentinnen und Assistenten, also wissenschaftlichen Mitarbeitenden, vielen externen Doktorandinnen und Doktoranden, einer Sekretärin und einer Menge studentischer Mitarbeitender. Das Besondere an ihm war, dass er seine Karriere als Führungskraft in der Industrie begonnen hatte und erst in der Mitte des Berufslebens den Weg in Richtung des Hochschullehrers eingeschlagen hatte. Er hatte also den Stallgeruch der Industrie und wusste, wenn er über deren Bedürfnisse und die Anwendung seiner Fachdisziplin in der Praxis sprach, wovon er redete. Er war ein vornehmer und dezenter Mann, immer geschmackvoll gekleidet und von einer unaufdringlich noblen Aura umgeben.

Aber er war auch der Inbegriff des zerstreuten Professors. Stets machte er einen etwas wirren Eindruck und bei den Studierenden war er als solider, aber etwas schrulliger Hochschullehrer bekannt.

Die Führungsaufgabe des Unterschätzten bestand darin, seine wissenschaftlichen Mitarbeitenden in die Lage zu versetzen, den Lehrbetrieb zu gewährleisten und die Lehre kontinuierlich zu modernisieren, die Verwaltungsarbeiten für den Lehrstuhl zu übernehmen sowie in Verbindung mit studentischen Arbeiten Industriekontakte aufzubauen und diese erblühen zu lassen.

Vorstellungen, wie diese Tätigkeiten zu erfolgen hätten, äußerte er nicht. Diese Themen waren ihm zu profan. Neue Mitarbeitende übernahmen die Aufgaben einfach von denen, die sie zuvor innehatten, und improvisierten den Rest dazu, wie sie es für richtig hielten. Der Unterschätzte äußerte sich nie zu solchen Themen. Offensichtlich erwartete er aber, dass alles irgendwie ordentlich erledigt wurde und der Lehrstuhl niemals und nirgendwo negativ auffiel. Aber bitte: ohne dass man ihn mit diesen Dingen belästigte. So weit ließ er seine Mitarbeitenden in Ruhe und kümmerte sich um seine Schrullen. Dazu gehörten jährliche hektische Anfälle im Frühling, wenn er der Meinung war, die Fenster in seinem Büro und in seinem Sekretariat müssten endlich einmal geputzt werden. Er wusste genau, dass die Univerwaltung regelmäßig jemanden zum Fensterputzen vorbeischickte. Das hinderte ihn aber nicht daran, von zu Hause Glasreinigungsmittel und viele Ledertücher mitzubringen, die Schuhe auszuziehen und im Anzug mit Krawatte und dabei auf Socken auf den Schreibtisch seiner Sekretärin zu klettern und die Fenster zu bearbeiten. Die Sekretärin stand jedes Mal hilflos daneben und zuckte zutiefst unglücklich mit den Schultern, wenn ein Mitarbeiter das Sekretariat betrat und die Situation sprachlos betrachtete.

»Das ist doch unwürdig, das kann er doch nicht machen! Warum lässt er das nicht sein?«, beschwerte sich die arme Mitarbeiterin jedes Jahr bei ihren Kolleginnen.

Der Unterschätzte rief dem erstaunten Mitarbeiter fröhlich zu: »Sehen Sie mal, das ist doch super, wie ich das mache. Stimmt doch, oder? Super!« Und schon drehte er sich um und wischte fröhlich weiter.

»Ja, Herr Professor, ganz großartig!« Mehr brachte der Mitarbeiter nicht heraus. Machte auch nichts, der Unterschätzte war mittlerweile wieder vom Schreibtisch heruntergeklettert, hatte sich – bewaffnet mit noch mehr Lederlappen – auf den Weg in sein Büro gemacht und erklomm sicherlich gerade seinen Schreibtisch.

Manches Mal hielten ihn seine jungen Mitarbeitenden für ziemlich verrückt. Umgekehrt war das hier und da aber wohl nicht viel anders. So gab es die Begebenheit, dass ein wissenschaftlicher Mitarbeiter in seinem Büro saß und, anstatt sich um seine Doktorarbeit zu kümmern, am helllichten Tag ein Computerspiel spielte, in dem es ziemlich hoch herging. Orks, Menschen, Feenwesen, den Rest können Sie sich vorstellen. Immerhin trug der Mitarbeiter Kopfhörer, damit der Gefechtslärm nicht den ganzen Flur erzittern ließ. Ebendieses wurde ihm zum Verhängnis, als plötzlich der Unterschätzte ins Büro trat, nachdem er sogar kurz geklopft hatte, ihn aber niemand hereingebeten hatte. Er stellte sich neben seinen Mitarbeiter und beobachtete ganz interessiert das bunte Treiben auf dem Bildschirm.

»Ähm, hallo, Herr Professor, ich mache gerade eine kleine Pause!«, stotterte der Mitarbeiter, als er endlich realisiert hatte, dass sein Chef neben ihm stand, und er nur noch darauf wartete, dass die Erde sich auftat und ihm eine faire Chance bot, im Boden zu versinken. »Kleine Menschen? Und die machen, was Sie sagen? Ist ja toll!«, staunte der Unterschätzte, verschwand wieder und ließ einen äußerst zerknirschten Mitarbeiter zurück. Ein Kritikgespräch oder etwas Vergleichbares folgte nie.

»Der Müller, der spinnt doch! Der ist doch plemplem! Der hat kleine Menschen auf dem Bildschirm!«, erzählte der Unterschätzte dann etwa eine Woche später wie zufällig einem anderen Mitarbeiter, der schon kurz vor dem Abschluss seiner Dissertation stand. Dieser musste innerlich grinsen, weil er von dem Vorfall gehört und der Professor offensichtlich – weltfremd wie er war – gar nicht verstanden hatte, was er da gesehen hatte. Aber sauer war er doch. So viel war klar.

Manches Mal steckte er auch einfach den Kopf in die Tür und wedelte mit seinem Frühstücksbrot. »Gucken Sie mal, meine Mama hat mir ein Butterbrot geschmiert! Super, oder?« Noch bevor er eine Antwort bekam, verschwand der Kopf schon wieder und der Besuch war beendet. Seine ›Mama‹, so nannte er seine Frau.

Er war schrullig. Eindeutig. Das fanden auch seine Kolleginnen und Kollegen. Am Ende einer langen Sitzung des Fachbereichsrats, die für seinen ungeduldigen Geist furchtbar gewesen sein musste, schlug er den anderen aus der Professorenschaft vor: »Also, wissen Sie was? Beim nächsten Mal stimmen wir gleich am Anfang ab und diskutieren danach!« Diese schüttelten zumindest innerlich den Kopf, weil der Unterschätzte offensichtlich wieder einmal kein richtiges Interesse an den Themen seines Fachbereichs hatte. Traurig, traurig, mag der eine oder andere gedacht haben.

Er konnte aber auch ganz anders sein. Sein Lehrstuhl kooperierte mit einem großen deutschen Hersteller von Unternehmenssoftware und so wurde der Unterschätzte einmal mit dem zuständigen Mitarbeiter zu einem großen Empfang eingeladen. Er hasste solche Veranstaltungen, weil ihn das Thema nicht interessierte und weil er stets argwöhnte, man wolle ihn nur als Aushängeschild missbrauchen. Über dies alles seinem Mitarbeiter während der zweistündigen Autofahrt zu dieser Veranstaltung sein Leid zu klagen wurde er nicht müde. Allenfalls fünf Minuten betrug der Redeanteil des Mitarbeiters, der seinen Chef auf dieser Fahrt gerne mit dem notwendigen Oberflächenwissen ausstatten wollte.

Auf der Veranstaltung angekommen, sahen die beiden Protagonisten nicht nur ziemlich schnell die unternehmensseitige Leiterin des Kooperationsprojekts, sondern der Unterschätzte eilte auch auf sie zu, begrüßte sie auf das Herzlichste und dem Mitarbeiter stand kurz das Herz still, weil er wusste, dass sein Chef nie ein Blatt vor den Mund nahm, und ihm nun Übles schwante.

Doch weit gefehlt: Der Unterschätzte war charmant, wusste technische Details des Systems in das Gespräch einzuflechten, überzeugte mit Wissen über die weitere Produktstrategie des Kooperationspartners und war sogar interessiert daran, die Serverräume zu besichtigen. Er hinterließ einen hervorragenden Eindruck und der Mitarbeiter wurde im weiteren Verlauf des Abends von der Leiterin, die ihn sonst nie eines Blickes gewürdigt hatte, für seinen tollen Chef gelobt – was für ein toller Mann. Der Letztgenannte war zu diesem Zeitpunkt wahrscheinlich schon lange wieder zu Hause, da er sich direkt nach seinem Auftritt spontan von seinem Mitarbeiter zum Bahnhof fahren ließ, denn:»Die spinnt doch, die Frau, die hat bestimmt was mit der Schilddrüse! Ich fahre lieber nach Hause. Hotel ist egal. Zahle ich trotzdem!«

Ebenso auf den Punkt agierte er immer, wenn er im Rahmen von kleineren Industriekooperationen auf Topmanager wie Geschäftsführerinnen, Vorstände oder Eigentümerinnen von Unternehmen traf.

»Sie haben aber ein schönes Zuhause!« So begrüßte er eines Tages einen Vorstandsvorsitzenden eines mittelgroßen Konzerns bei einem Kennenlerngespräch in dessen Zentrale. Dieser konnte sich beim besten Willen nicht erklären, woher der Unterschätzte wohl wusste, wo er wohnte, kam dann aber doch dahinter, dass der Unterschätzte wohl eher seinen Dienstsitz meinte. Im Stillen belächelte er den wohl etwas der Welt entrückten Professor. Das aber auch nur so lange, bis das Fachgespräch begann. Der Unterschätzte war auf Zack, kannte genau die Probleme des Unternehmens und hatte grundsätzliche Lösungsideen dabei. Und: Man stellte schnell fest, dass man beiderseits mit verschiedenen maßgeblichen Wirtschaftsgrößen der Branche privat bekannt war, und bei dem CEO wuchs der latente Wunsch, den zerstreuten Professor, der ja doch ganz unterhaltsam war und dabei etwas von seiner Materie verstand, genauer kennenzulernen. Diese Fähigkeit öffnete dem Unterschätzten viele Türen. Manches Projekt seines Lehrstuhls begann mit solchen Gesprächen. Seine wissenschaftlichen Mitarbeitenden, die ihn immer zu solchen Treffen begleiteten, staunten nicht schlecht. »Wie hat der verrückte Kerl das wieder hinbekommen? Der hat doch wieder nur oberflächlichen Quatsch erzählt!« Solche Fragen stellten sich die Teammitglieder nach den Terminen immer wieder, aber erklären konnte keiner, warum der Unterschätzte so gut ankam, während sie ihn doch alle als schrulligen Professor kannten.

Zu nahe durfte es allerdings für ihn auch nicht werden: So manche Einladung zum Golfspielen, die er erhielt, kommentierte er so: »Mit dem spiele ich doch nicht auch noch Golf! So weit kommt es noch! Der soll doch mit seiner Frau spielen. Mache ich doch auch!«

Wichtig im Betrieb seines Lehrstuhls war ihm, dass er seine Doktorandinnen und Doktoranden zum Erfolg führte und dass dabei niemand abbrach, denn das hätte gegenüber anderen Instituten keinen guten Eindruck gemacht. Hatte er die Vermutung, dass jemand, der seine Arbeit in einem Jahr oder weniger abgeben müsste, vielleicht zu viel anderes als die Dissertation im Kopf hatte, zog er stets einen anderen Mitarbeitenden konspirativ ins Vertrauen und fragte scheinheilig: »Glauben Sie, dass der Müller das schafft? Das ist doch ein Spinner!« So erreichte die Kunde darüber, dass der Chef nunmehr etwas mehr Tempo erwartete, ihr Ziel üblicherweise über den Umweg eines Kollegen oder einer Kollegin. Aber die Botschaft war dann immer klar: Der Unterschätzte hatte Verzögerungen wahrgenommen und war nicht amüsiert.

Fazit

Die Beurteilung der Führungsqualitäten des Unterschätzten muss zwingend auf zwei Ebenen stattfinden. Auf der ersten Ebene sollte deutlich geworden sein, dass er seine Mitarbeitenden direkt gar nicht merklich führte. Er gewährte Freiheiten, solange der Lehrstuhlbetrieb funktionierte. Sich darum zu kümmern war ihm verhasst. Er hatte aber erreicht, dass er sich tatsächlich nicht kümmern musste. Sein ›Laden‹ funktionierte, die Mitarbeitenden kümmerten sich und der Lehrstuhl genoss gutes Ansehen. Direktes Feedback bekamen seine Mitarbeitenden nie, Personalentwicklung war ein Thema, das er mit dem von ihm geliebten Begriff ›Quackelkram‹ abgetan hätte. Er führte seinen ›Laden‹ primär im Laisser-faire-Stil.

Diese Einstellung gab dem Unterschätzten Zeit, sein umfangreiches Kontaktnetzwerk auf vielerlei Ebenen aktiv zu halten. Vorstände großer Konzerne und spätere Ministerinnen traf er regelmäßig beim Brötchenholen, wie er seinen Mitarbeitenden hin und wieder nebenbei erzählte (nicht ohne den Hinweis zu geben, dass er dabei nur seinen Bademantel trug). Mit allen maßgeblichen Landespolitikern und Wirtschaftsbossen in seinem Bundesland war er vernetzt. Hatte er ein Anliegen, nahm ihn jeder ernst und ließ ihn vor. Man umgab sich gerne mit ihm und es war ein Geben und Nehmen. Er war integraler Bestandteil in der ›Community der Bosse‹. Die Universität war gar nicht sein primäres Betätigungsfeld, auch weil er nebenbei noch ein großes Stiftungsvermögen managte.

Doch ließ der Unterschätzte am Ende seinen Mitarbeitenden vielleicht doch noch etwas mehr an Führung zukommen? Seine wissenschaftlichen Mitarbeitenden genossen zunächst ohnehin per se den Welpenschutz von Universitätsmitarbeitern und -mitarbeiterinnen. Dazu bekamen sie aber von ihrem Professor bei den genannten Gelegenheiten immer wieder Einblicke in die große Welt des Business. Dabei erfuhren sie auch, wie man sich auf dem rutschigen Parkett der Wirtschaft elegant bewegt. Sie konnten von ihm lernen, welche Qualitäten in Gesprächen wichtig waren, wie man Smalltalk machte und vor allem, dass man sich selbst und seinen Werten treu bleiben musste.

Einige seiner Mitarbeitenden schmunzelten noch Jahre später über ihren schrulligen Professor, ohne zu erkennen, dass auch sie von den gelebten Weisheiten des Unterschätzten noch immer hier und da profitierten. Andere erkannten seine Qualitäten später und sahen dann ein, dass er ihnen indirekt viel Führungswissen mit auf den Weg gegeben hatte. Und das war die zweite Ebene der Würdigung.

Typische Verhaltensmuster und Sprachbeispiele

Feedbackverhalten

Für den Unterschätzten kommt direktes Feedback nicht infrage. Positives Feedback würde er ohnehin nicht verteilen, da die vollumfängliche, pünktliche und korrekte Erledigung von Aufgaben für ihn selbstverständlich ist.

Negatives Feedback gibt er mit seinen verschiedenen halbernsten Kommentaren an eine Kollegin des eigentlich gemeinten Mitarbeiters weiter, bei der er sich sicher sein kann, dass diese seinen Unwillen weitergeben wird.

»Der Müller, der spinnt doch. Der muss doch jetzt nicht in den Urlaub fahren! Der soll mal lieber promovieren!« oder »Muss der Schulz jetzt heiraten? Das kostet doch zu viel Zeit, der will sich doch nur vor der Arbeit drücken! Nicht dass der jetzt noch ein Kind bekommt!« – all dies waren Feedbackphrasen des Unterschätzten, in denen er zeitgleich seine Wertvorstellungen mitteilte.

Kommunikationsverhalten

Der Unterschätzte kommuniziert direkt und stellt die richtigen Fragen zur richtigen Zeit – wenn ihm ein Thema so wichtig ist, dass es seine Aufmerksamkeit verdient.

Arbeitsverhalten

Der Unterschätzte priorisiert Themen und weist dem Thema, das derzeit die größte Bedeutung erfährt, auch die größten Zeitressourcen zu. Sofern sein Beitrag erforderlich ist, um ein Thema weiterzutreiben, bearbeitet er dies überaus schnell und fleißig. Dabei ist er konzentriert. Hat er beispielsweise den Entwurf einer Dissertation zum Korrekturlesen erhalten, arbeitet er gerne auch das Wochenende durch. Und an solchen Wochenenden hält ihn niemand davon ab, seinen Doktoranden oder seine Doktorandin spontan anzurufen und – wie immer ohne Grußformel – direkt in ein Fachgespräch zu ziehen. Hinweise, dass man sich gerade in einem Café oder am Strand befinde, prallen dabei wirkungslos an ihm ab.

Umgekehrt weiß der Unterschätzte auch sehr gut seine Arbeitslast deutlich zu reduzieren, wenn er nicht gebraucht wird.

Persönliches Verhalten

Das Verhalten des Unterschätzten ist integer, er ließe sich nie etwas zuschulden kommen. Im persönlichen Kontakt ist er stets auf eine gewisse soziale Distanz bedacht. So konnte beispielsweise nie beobachtet werden, dass er mit Professorenkollegen und -kolleginnen per Du gewesen wäre, obwohl dies in seinem kollegialen Umfeld nicht unüblich war.

Auch gegenüber seinen Doktorandinnen und Doktoranden wahrte er Distanz. ›Doktorvater‹ wollte er nie sein. Weihnachtsfeiern waren ihm verhasst und fanden daher auch nicht statt. Weihnachtsmarktbesuche waren selten, mussten auf dem Weg nach Hause liegen und waren, wenn sie dann doch stattfanden, minutiös durchgeplant.

Ein typischer Dialog zu einem x-beliebigen Thema

Mitarbeiter A (MA A): »Herr Professor, der Kollege B und ich können uns nicht einigen, welche Farbe wir auf der neuen Homepage in den Vordergrund stellen wollen. B will Blau, ich möchte Gelb. Was meinen Sie?«
Der Unterschätzte (U): »Der spinnt doch, der B, der hat immer so komische Ideen!«
MA A: »Also nehmen wir Blau?«
U: »Ach, da reden wir dann noch mal!«
Einen Tag später:
Mitarbeiter B: »Herr Professor, haben Sie das mit der Homepage gehört? Der A will gelbe Farbe!«
U: »Also der A, das ist doch ein Spinner! Aber ich muss jetzt erst mal los.«

Was könnte der Unterschätzte reflektieren?

Der Unterschätzte vertrat die Meinung, dass eine Position als wissenschaftliche Mitarbeiterin mit der Möglichkeit zur Promotion ein Geschenk an alle Damen und Herren sei, die eine solche Chance erhielten. Diese sei eigenverantwortlich zu nutzen, sodass er für sich selbst keinen expliziten Führungsauftrag sah.

Mit all seiner Erfahrung sowohl aus der Wirtschafts- als auch aus der Universitätswelt hätte er seinen Schützlingen noch mehr Hilfestellungen, Handlungsweisen, Dos and Don'ts mit auf den Weg geben können. Diese Chance verpasste er.

Tipps an die Mitarbeitenden eines Unterschätzten

Schauen Sie hinter die Fassade! Natürlich ist Ihr Chef schrullig! Natürlich ist es komisch, wenn er einen Gastprofessor, der bei ihm zu Besuch ist, mit den Worten hinauskomplimentiert: »You can't take the train back home at eleven! I'm sleeping at eleven! My wife will bring you now to the station! Hurry, hurry!« Aber da muss noch mehr sein.

Der Unterschätzte führte eine der größten deutschen Stiftungen erfolgreich über mehr als zwanzig Jahre, er war geschätzter Gesprächspartner für Politik und Wirtschaft, hatte beste Beziehungen zum Präsidenten seiner Universität und noch vieles mehr. Das alles hatte er sich durch besondere Qualitäten erarbeitet. Es liegt an Ihnen, hinter die Fassade zu schauen, die Erfolgsfaktoren des Unterschätzten zu verstehen und das Beste davon für sich selbst herauszuziehen.

Der Diplomat

Die Geschichte

Der Diplomat kam als ›Allzweckwaffe‹ von einem großen Wettbewerber und Weltmarktführer in den Konzern – vom CEO persönlich eingekauft. Für ihn wurde eine Geschäftsführungsposition in einem der größten Tochterunternehmen freigeräumt, das gerade vor einer der wichtigsten Investitionen in der Firmengeschichte stand. Bei einem seiner ersten Auftritte in seinem neuen Wirkungsfeld sorgte er bereits für bleibende Eindrücke. Eine Schar hochgestellter Führungskräfte seines neuen Konzerns sollte dem Diplomaten den Antrag für das Investitionsgroßvorhaben seiner neuen Gesellschaft vorstellen. Man hatte Monate an diesem Antrag gearbeitet, den Schweiß der Edlen in großen Mengen vergossen und war nun mächtig stolz darauf, ›dem Neuen‹ das Meisterwerk zu präsentieren. Dieser zeigte sich als aufmerksamer Zuhörer. Als man ihn am Ende bat, der Runde gegebenenfalls seine noch offenen Fragen zu stellen, war es allerdings mit der Ruhe vorbei.

Der Diplomat hatte eine völlig andere, aber überaus nachvollziehbare Sicht auf das Vorhaben, stellte Fragen, die so noch niemand bedacht hatte, setzte gänzlich andere Prioritäten und brachte so die gesamte Runde aus dem Konzept. Seine Meinung war durchdacht. Obwohl ihm das Projekt neu war, war er kenntnisreich und hatte einen Blick, der weit über den Mikrokosmos des eigenen Konzerns hinausging.

Das gigantische Investitionsprojekt ging seinen Weg durch die Instanzen, wurde schließlich genehmigt und man begann zu bauen. Unglücklicherweise kam es bereits nach etwa sechs Monaten zu der konjunkturellen Delle, die sich pikanterweise in kürzester Zeit als Weltwirtschaftskrise entpuppte. Das Unternehmen geriet binnen Halbjahresfrist dank seiner Rieseninvestition, die von Quartal zu Quartal teurer wurde, in eine ernste wirtschaftliche Schieflage. Da ein solches Investitionsprojekt unerbittlich jeden Monat größte Cashmengen abfordert, konnte es nicht schlimmer kommen.

Der Diplomat musste nunmehr als Geschäftsführer dem Vorstand seines Konzerns Rede und Antwort stehen. »Also, dass es da teurer wird, das war mir von Anfang an klar, aber ihr wisst ja, ich kam zu spät, um an dieser Planung noch etwas zu ändern. Ich habe das ja schließlich so übernommen. Aber ich werde dafür sorgen, dass es nicht zu schlimm wird.« Mit dieser Argumentationslinie konnte der Diplomat überzeugen. Und behielt seine weiße Weste.

Das Vertrauen in ihn war so groß, dass man ihm im Rahmen einer Altersnachfolge auch die Geschäftsführung für eine weitere Schwestergesellschaft übertragen hatte. Diese war zwar hinsichtlich des Umsatzes und der Mitarbeiterzahl nicht so groß, aber die Dimension des wirtschaftlichen Misserfolgs war vergleichbar. Und sie war mehrere Hundert Kilometer von der ersten Gesellschaft entfernt. Der dortige Geschäftsführer hatte den Laden allein nicht in den Griff bekommen und war froh, den erfahrenen Diplomaten als Vorsitzenden der Geschäftsführung an die Seite gestellt zu bekommen.

Der Diplomat versuchte sich eher lustlos mithilfe eines großen Teams aus Führungskräften an einem allgemeinen Kostensenkungsprogramm, das aber nicht den gewünschten Erfolg brachte. Schließlich bat er den Konzernvorstand, man kannte sich seit Jahrzehnten, um ein vertrauliches Gespräch. »Ihr wisst ja«, so begann er seine Rede, »andere haben dort über viele Jahre eine solche Misswirtschaft betrieben, dass ich hier mit normalen Mitteln nichts ausrichten kann. Und Herr Meier (sein Geschäftsführungskollege) ist ein guter Mann, aber er hat es nicht geschafft. Wir müssen investieren, um mit unseren Produkten wieder zum Wettbewerb aufzuschließen. Das ist die letzte Chance. Ich habe da eine Idee für ein neues Produkt mitgebracht.«

Mit dieser Vorstellung war der Grundstein dafür gelegt, dass auch in dieser Gesellschaft das für dortige Verhältnisse mit Abstand größte Investitionsvorhaben begonnen wurde – wohlgemerkt in einer Zeit, in der die Wirtschaftskrise dem Konzern weiter stark zusetzte. Investieren sorgt allerdings immer für etwas Ruhe, da alle den Neustart nach Abschluss einer solchen Maßnahme herbeisehnen. Und wieder blieb kein Krümel Staub an der weißen Weste des

Diplomaten haften. Nebenbei hatte er seinen Geschäftsführungskollegen an den Pranger gestellt – vorgeblich zum Wohle des Unternehmens –, ohne dass dieser überhaupt davon wusste.

Das Führungsverhalten des Diplomaten war in einiger Hinsicht für die Mitarbeitenden gar nicht so unerfreulich. Er war kein Kontrollfanatiker und prägte gegenüber einem seiner ihm unterstellten Bereichsleiter den Satz: »In Ihrer Disziplin gebe ich Ihnen alle Freiheiten. Es gibt nur eine Regel: Wenn irgendein Mist passiert, muss ich es rechtzeitig wissen.« Dieses Vertrauen war ernst gemeint. Solange man regelmäßige Termine mit dem Diplomaten einforderte und ihn über alles Wichtige informierte, schenkte er seinen Mitarbeitern große Handlungsspielräume. Bei den Terminen hörte er aufmerksam zu, verstand immer auch Aspekte, die nicht aus seiner eigenen Fachdisziplin stammten, verknüpfte Themen und stellte gute Fragen. Wen er mochte, den ließ er auch an den vielen Geschichten aus seinem Berufsleben teilhaben. So hatte er jeweils für längere Zeit auf vier von fünf Kontinenten gearbeitet, überall Spannendes erlebt und erzählte interessant und pointiert. Und diese Geschichten stimmten tatsächlich, wie einzelne Mitarbeitende immer wieder testeten. Der Diplomat war tatsächlich weit gereist, sprach fünf Sprachen fließend sowie einige weitere rudimentär.

Er gab seinen Mitarbeitenden somit das Gefühl, dass sie vertrauensvoll mit ihm reden konnten und dass er sie zu der erlauchten Gruppe der Intelligenten zählte. Das gab ihnen ein gutes Gefühl und dem Diplomaten gelang es in entsprechenden Gesprächen mit den anderen Ressorts tatsächlich, operative Probleme sinnvoll zu lösen. Das Ganze hatte nur einen Haken: Man wusste nie so genau, was er den anderen jeweils erzählt hatte. Ein Schelm, wer Böses dabei denkt, aber der Diplomat ließ sich nie in die Karten schauen und so konnte durchaus angenommen werden, dass er Mitarbeitenden der anderen Ressorts genau die gleiche verschwörerische Botschaft vermittelte. Dies war etwas, das sich im Laufe der Zeit immer wieder zeigte: Wurde man bei einem Thema vermeintlich ins Vertrauen gezogen, traf man nach einiger Zeit auf Kollegen, denen der Diplomat das gleiche Exklusivitätsgefühl vermittelt hatte.

In für die Branche wirtschaftlich schwierigen Zeiten hatte der

Diplomat sich den Ruf des krisenfesten Senioranführers mit der größten Weitsicht erworben. Und somit wurde ihm die Gesamtverantwortung für einen Geschäftsbereich übertragen, in dem sich noch drei weitere krisengeschüttelte Tochterunternehmen befanden. Die vorhandenen vorsitzenden Geschäftsführer löste er nach und nach ab und wurde jeweils gemeinsam mit einem oder zwei weiteren Geschäftsführern zum Chef von insgesamt fünf Standorten, die über die Deutschlandkarte verteilt waren.

Es war kein Wunder, dass es schwieriger für die Mitarbeitenden wurde, den Diplomaten zu sprechen. Oft hörte man über das Sekretariat, dass er kurzfristig dringend zu einem der anderen Standorte gerufen worden sei und den Termin leider nicht wahrnehmen könne. Ebenso konnte es passieren, dass er in wichtigen Terminen – in denen es auch kontrovers zugehen konnte – nach einer bestimmten Zeit aufstand und sich mit den Worten verabschiedete: »Sie müssen das jetzt alleine lösen. Ich werde in X – (eine Stadt seiner Wahl) gebraucht. Tut mir leid.« Der Diplomat hatte, wie die Mitarbeitenden erst nach einiger Zeit bemerkten, einen ausgedehnten Fluchtreflex. Die Klärung von Details oder Diskussionen zu operativen Problemstellungen war seine Sache nicht. Und die Position als Multigeschäftsführer gab ihm immer den perfekten Grund, sich diesen Diskussionen zu entziehen, wenn es ihm unangenehm wurde oder wenn er schlicht keine Lust mehr hatte. Nach außen hin war die Wirkung dabei die des höchst eingespannten und zum Zerreißen angespannten Managers, der geradezu Unmenschliches leisten musste.

Durften Mitarbeitende ihn gelegentlich zu anderen Standorten begleiten, hatten sie an den Abenden den Genuss, einen völlig gelösten und veränderten Diplomaten kennenzulernen. Der Diplomat zeichnete sich durch seine Lebensart aus, er stieg in den besten Hotels ab, war Connaisseur guten Essens und ein fantastischer Weinkenner. An solchen Abenden konnte man sicher sein, dass man – egal in welcher Stadt – zu einem ausgezeichneten Restaurant geführt werden würde, um dann zu einem hervorragenden Essen eingeladen zu werden. Und hier war der Diplomat nicht nur ein unterhaltsamer und charmanter Gastgeber, nein – er zahlte diese

Abende grundsätzlich aus der eigenen Tasche. Dies war ihm auch bei größeren Runden mit seinen leitenden Angestellten, beispielsweise der klassischen Weihnachtsfeier, heilig: Exquisites Essen in Form mehrgängiger Menüs, erlesene Weine für zehn Gäste – der Diplomat zahlte und wäre beleidigt gewesen, wenn ihm jemand das Teilen der Rechnung angeboten hätte.

Alle abgespulten Autobahnkilometer, es waren mehr als 50 000 km pro Jahr, konnten nicht verhindern, dass sich die Investition am Standort Nr. 2 – die oben erwähnte größte Maßnahme an diesem Standort – als Flop erwies, wie einige Mitarbeitende schon vorher geunkt hatten. Das Unternehmen schrieb weiterhin tiefrote Zahlen, ein Schichtabbau nach dem anderen konnte aufgrund der investitionsbedingt explodierten Kapitalkosten keine Linderung bringen. Der Diplomat musste sich daher immer wieder dem Vorstand erklären. Sein Zugang war weiterhin gut, vieles konnte er in den Hinterzimmern der Konzernvorstandsetage klären. Wer nun denkt, dass der Diplomat für den kapitalen Fehlschlag die Verantwortung übernahm, liegt aber falsch. Die offizielle Erklärung für das Scheitern war, dass der Diplomat sich trotz größter Anstrengungen für alle seine fünf Mandate nicht klonen konnte, und nur er persönlich wäre überhaupt in der Lage gewesen, die Situation abzuwenden. Dem zweiten Geschäftsführer mache man nach außen hin keinen Vorwurf, aber er habe als zuständiger ›Mann vor Ort‹ leider nicht das Zeug dazu gehabt, die Visionen des Diplomaten sachgerecht umzusetzen. Man bedauere dies, aber dem Diplomaten sei hier kein Vorwurf zu machen. Das war nun für viele unglaublich, wie unser Protagonist hier den Kopf aus der selbst geknüpften Schlinge ziehen konnte.

Dass das Werk nicht mehr zu retten war, darüber bestand im Vorstand Einigkeit. Ebenso über die Tatsache, dass es Wettbewerber gab, für die das Werk oder zumindest die Anlagentechnik interessant sein konnte. So erhielt der Diplomat den Auftrag, sich einen Termin in der Konzernzentrale des Weltmarktführers und Mitbewerbers zu verschaffen und für eine Übernahme zu werben. Bereits an der Aufgabe, einen Termin zu erlangen, wären alle anderen gnadenlos gescheitert, aber der Diplomat war glänzend vernetzt. So flog er eines

Tages in der Früh in Begleitung eines Mitarbeiters nach London, um drei hochrangige Manager des Weltkonzerns zu treffen.

Während der Taxifahrt durch London fragte der etwas nervöse Mitarbeiter, wie das Gespräch wohl verlaufen werde. »Keine Sorge. Ich sage Ihnen jetzt mal, wie das ablaufen wird. Um 8 Uhr 30 gehen wir da hinein. Dann beginnt das Gespräch. Nach der Vorstellung werde ich denen ihre eigene Produktions- und Marktsituation erklären. Dann werden die sich Bedenkzeit ausbitten. Um 8 Uhr 45 sind wir da wieder raus.« Er hatte einen Plan.

Das Headquarter war beeindruckend – jedenfalls für den Mitarbeiter. Bereits in der Lobby hochfloriger weißer Teppich, Wände getäfelt aus edelstem Holz, mit goldenem Stuck verzierte Decken. Wie in einem Luxushotel. Die beiden Unterhändler wurden per Fahrstuhl in die Vorstandsetage geschickt und von einem livrierten Diener empfangen. Bereits das Mobiliar in dem Sitzungszimmer war sicherlich so viel wert wie das eine oder andere Einfamilienhaus. Und mit einem entsprechenden Habitus stießen dann auch die drei Abgesandten des Gastgebers zum Diplomaten und zu seinem Mitarbeiter. Eine perfide Arroganz war ihnen ins Gesicht geschrieben.

Den Diplomaten beeindruckte das nicht. Er kannte die Lebensläufe aller seiner drei Gesprächspartner, stellte fest, wann man sich wohl in früheren Jahren über den Weg gelaufen sein musste, und verschaffte sich erste Aha-Momente. In lupenreinem Englisch, als perfekter Gentleman. Was dann folgte, war ein Lehrstück für den Mitarbeiter, das dieser wohl nie vergessen würde. Der Diplomat erläuterte seinen Gegenübern im Detail deren weltweite Anlagenkonfiguration, wann welche Anlage niedergebracht sein würde, zudem die perspektivische Nachfragesituation an den Weltmärkten und warum man genau deswegen nun das freie Werk übernehmen sollte. Sein Mitarbeiter beobachtete nur die minutenweise weiter herunterklappenden Kinnladen der Londoner. Um 8 Uhr 45 war diesen klar, dass der Diplomat vollständig recht hatte mit allem, was er erläutert hatte. Dabei hatte er zudem aber viele Querverbindungen gezogen und neue Erkenntnisse entwickelt, die den Gesprächspartnern bisher nicht klar waren, sodass sie um eine Woche Aufschub baten, um die Gespräche fortzusetzen. Um 8 Uhr 50 hatten der Diplomat und sein Mitstreiter das Gebäude verlassen. Fünf Minuten später als angekündigt, aber mit dem exakt vorhergesagten Ergebnis. Der Mitarbeiter war zutiefst beeindruckt. Letztlich kam es zu keiner Übernahme, die Episode endete mit der finalen Werksschließung. An den Verhandlungen mit der Arbeitnehmerseite nahm der Diplomat kaum teil. Aber der unschönste Teil, die Gesprächsrunden mit der enttäuschten Belegschaft, die Protestmärsche und Kundgebungen, bei denen auch die eine oder andere faule Tomate oder mal ein rohes Ei flog und dem Diplomaten daneben direkt körperliche Repressalien angedroht wurden, ging nicht an ihm vorbei. Genauso wenig wie der schrittweise Verkauf der alten Anlagen an ominöse Händler zum Schrottpreis, was auch die im Rahmen der erst getätigten Großinvestition angeschafften Maschinen betraf.

Hier gelang es ihm aber, seine Leistung wiederum gut zu verkaufen. Er war über mehrere Wochen an jeweils drei Tagen durchgängig vor Ort, führte alle unangenehmen Gespräche und bewegte sich außerhalb seines Büros nur unter ständiger Begleitung eines Sicherheitsdienstes mit mehreren starken Beschützern. Er hatte erkannt, dass es kein Entkommen aus der Situation gab und kein Anruf aus einem anderen Werk ihn für die nächsten Wochen würde retten können. Also stellte er sich der Aufgabe, die ihm nebenbei wiederum einigen Respekt einbrachte, schließlich hatte er sich sogar im Angesicht körperlicher Bedrohung wacker geschlagen.

In Summe war der Diplomat in diesem Konzern über mehr als zehn Jahre bis zu seinem Ruhestand erfolgreich. Gegen Ende seines Arbeitslebens bot ihm ein weiterer Großkonzern aus der Branche einen Vorstandsposten an, der der Traum unseres Diplomaten war. Aber die Vorstände ließen ihn nicht gehen, was einige als Rache dafür empfanden, dass ihnen selbst ein solch attraktiver Posten nicht angeboten worden war.

Fazit

Als Chef kann der Diplomat überaus angenehm sein. Er ist intelligent, verfügt über Fachwissen, kann zuhören und gewährt seinen Mitarbeitenden große Freiheiten. Was die Zusammenarbeit angeht, ist er wenig sprunghaft, agiert überlegt und schafft Sicherheit. Man sollte nur daran denken, dass der Diplomat auch enge Mitarbeitende möglicherweise wie die sprichwörtliche heiße Kartoffel fallen lassen wird. Sind Erfolge zu verzeichnen, wird er dafür sorgen, dass ein Teil des Ruhmes auch die beteiligten Teammitglieder trifft, und er wird ein Lob nie für sich allein beanspruchen. Bei Misserfolgen wird das anders aussehen. Auch wenn ein Mitarbeitender zum Diplomaten über die Jahre eine stabile Arbeitsbeziehung mit größerer Vertrautheit entwickelt hat, sollte er sich im Klaren darüber sein, dass sein Chef oder seine Chefin ihn ›opfern‹ könnte, sollte einmal dringend ein Sündenbock gesucht werden, der einen Misserfolg zu vertreten hat.

Der Diplomat ist ein ambivalenter Manager-Archetyp. Intelligent, fachlich überaus kompetent und in der Lage, sein Wissen punktgenau anzubringen. Von Hierarchien lässt er sich nicht beeindrucken, er strahlt große Souveränität aus. Das alles ist gepaart mit positiven persönlichen Eigenschaften, seinen Manieren, der stilvollen, aber nie aufdringlichen Kleidung, seiner Weltgewandtheit. Das ist die eine Seite der Medaille. Auf der anderen Seite übernimmt er nie ernsthaft Verantwortung für Misserfolge und findet stets Gründe, warum andere trotz seiner Anleitung nicht in der Lage waren, Dinge umzusetzen, und ihn niemals Schuld trifft.

Typische Verhaltensmuster und Sprachbeispiele

Feedbackverhalten

Er vermeidet direktes Feedback. Sind die Arbeitsresultate seiner Mitarbeitenden besonders gut, wird er ein Lob nie direkt aussprechen, sondern indirekt:»Das hat gut funktioniert. So kann man das machen.« Er vermeidet es damit, durch persönliches Lob eine zu enge Beziehung zu einem Mitarbeitenden aufzubauen. Misserfolge wird er ebenso nicht direkt kritisieren. Das Teammitglied sollte aber darauf gefasst sein, dass der Diplomat gegenüber Dritten – höheren Instanzen – darauf hinweist, wenn Mitarbeitende versagt haben.

Kommunikationsverhalten

Er ist klar in seinen Aussagen und vermittelt einen guten Eindruck davon, was ihm wichtig ist. Konkrete Nachfragen werden von ihm ebenso konkret beantwortet. Er erwartet von seinen Mitarbeitenden, operative Probleme selbst zu lösen, und hat kein Interesse an entsprechenden Berichten.

Arbeitsverhalten

Der Diplomat arbeitet viel und priorisiert die Arbeit im Extremfall sogar uneingeschränkt höher als die Familie. Sein Aufgabenspektrum definiert er so weit wie möglich selbst und er arbeitet nur an den übergeordneten strategischen Fragen seines Unternehmens. Dieses sollte bestenfalls ein Konzern sein, im Klein-Klein des Mittelstands würde er an Detailarbeit zugrunde gehen. Je größer die Vielzahl der Aufgaben ist, umso besser für ihn. Dann hat er einen triftigen Grund, alle Themen nur top down zu bearbeiten. Wird es zu kleinteilig, ›flieht‹ er. Detailaufgaben delegiert er. Sein Schreibtisch zeugt in seiner Unaufgeräumtheit davon, an wie vielen Themen der Diplomat dran ist und wie überlastet er sein muss.

Persönliches Verhalten

Das Verhalten des Diplomaten ist darauf angelegt, sich niemals Fehler nachweisen zu lassen, die ihm zum Verhängnis werden könnten. Seine Expertise und sein angenehmes Auftreten setzt er ein, um sich unentbehrlich zu machen. Er versucht, unangenehme Aufgaben weitestmöglich zu vermeiden. Sind diese unausweichlich und kommen ›von oben‹, setzt er sie allerdings kaltschnäuzig durch, um später eben hierfür Anerkennung zu erhalten.

Sein einnehmendes Wesen erzeugt bei vielen Menschen im Unternehmen schnell ein Gefühl von Vertrautheit und gegenseitiger Sympathie. Er wird sich allerdings niemals für einen Mitarbeiter oder eine Kollegin einsetzen, wenn er sich selbst dafür exponieren muss. Er wird dann lieber auf Regeln verweisen, denen auch er sich unterwerfen müsse, obwohl er gegebenenfalls sogar alles versucht hätte.

Das Befolgen von Regeln und das Verhindern des Eingeständnisses eigener Fehler – inklusive vorbereiteter Schuldzuweisungsstrategien – sind sein Erfolgskonzept. Solange dies nicht bedroht wird, ist er ein angenehmer Zeitgenosse.

Ein typischer Dialog zu einem x-beliebigen Thema

Mitarbeiter:»Wir haben hier ein Problem mit dem Thema X.«
Der Diplomat:»Bekommen Sie das gelöst?«
Mitarbeiter:»Es wird schwierig, wir müssen viele Schritte befolgen und die Leiterin von Ressort Y muss auch zustimmen. Ich hoffe, das wird klappen. Ich mache das zum ersten Mal.«
Diplomat:»Sie bekommen das hin. Machen Sie einen Plan mit den einzelnen Schritten und arbeiten Sie den ab. Wenn die Leiterin von Y nicht mitspielt, rufen Sie mich an. Dann rede ich mit der. Ich muss jetzt erst mal weg. Bis demnächst.«

Was könnte der Diplomat reflektieren?

Zum Zeitpunkt der obigen Erzählung konnte der Diplomat bereits auf über dreißig Jahre einer beeindruckend erfolgreichen beruflichen Karriere zurückblicken. Die Ebene der Geschäftsführungen hatte er bereits weit hinter sich gelassen und er spielte hier und da in der Vorstandsliga mit, wenn auch eher als Ersatzspieler. Er war ein gemachter Mann, hatte es zu allerhand Wohlstand gebracht und hatte enorm viel Savoir-vivre.

Vielleicht würde er sich fragen, wieso es ihm am Ende nicht gelang, die ersehnte letzte Stufe der Karriereleiter zu erklimmen und auf einen Stammspielerplatz in der Vorstandsliga gesetzt zu werden. Viel Optimierungspotenzial fände er in seinem Tun vermutlich nicht – aber er sollte einmal ausgiebig darüber nachdenken, welches zusätzliche Karrierepotenzial aus Mitarbeitenden resultieren könnte, die bereit sind, für ihre Führungskraft durchs Feuer zu gehen. Alles, was sie dafür gebraucht hätten, wäre eine Identifikationsfigur an ihrer Spitze, von der sie wüssten, dass diese es wert ist und sich nicht im Zweifelsfall schnell und diplomatisch aus der Affäre zieht. Etwas mehr Kante zeigen und der Mut, eine Position zu beziehen und zu halten und dafür auch einmal für das eigene Team einen Konflikt bis zum Ende auszutragen – das hätte vielleicht Wirkung gezeigt. Eine solche Leuchtturmrolle könnte sich am Ende auch für die eigene Karriere auf verschlungenem Wege wieder auszahlen.

Tipps an die Mitarbeitenden eines Diplomaten

Lernen Sie! Von diesem Chef, von einer solchen Chefin können Sie vieles lernen. Die Trennung von wichtig und unwichtig, die Konzentration auf das Wesentliche, manchmal einen sehr feinsinnigen Humor und in jedem Fall Souveränität.

Erledigen Sie gewissenhaft und fleißig Ihren Job und denken Sie auch mal out of the box! Ihre Führungskraft wird Ihre Initiative zu schätzen wissen. Wurden Ihre Talente bisher verkannt, ergibt sich vielleicht eine gute Gelegenheit, sich dezent etwas ins rechte Licht zu setzen. Was Ihr Chef nicht schätzt, sind vorlaute Menschen, die sich eher durch ihre intellektuellen Schnellschüsse auszeichnen. Seien Sie dezent. Geben Sie Ihrem Chef das Gefühl, dass Sie ihn verstehen und ebenso denken. Aber nur, wenn es so ist.

Aber rechnen Sie auch damit, dass diese angenehme Arbeitsbeziehung irgendwann ein Ende finden wird. Auf den Ebenen, auf denen der Diplomat spielt, muss er damit rechnen, irgendwann weiterbefördert zu werden. Ob er Sie dann mit sich zieht, ist ungewiss. Oder die Dinge entwickeln sich zuungunsten des Diplomaten, sodass die alte Frage nach den Schuldigen gestellt werden wird. Achten Sie darauf, dass dies nicht plötzlich Sie sind! Der Diplomat ist jedenfalls clever genug, dass an ihm nichts kleben bleiben wird.

Der Musterschüler

Die Geschichte

Der Musterschüler hatte eine herausragende Position in einem großen Konzern inne – direkt unterhalb des Vorstands und das mit noch nicht einmal vierzig Jahren. Es gibt Menschen, für die diese Position bereits das Traumziel ihrer beruflichen Laufbahn ist – und dazu unerreichbar.

Der Musterschüler leitete eine Abteilung mit fünfzehn Mitarbeitenden und war mit seinem Team die Eingangshürde Nr. 1 für alle Vorgänge, die dem Vorstand zur Entscheidung zugeleitet werden sollten. Hürde Nr. 2 war dann der CFO des Konzerns, aber Hürde Nr. 1 war eine Pflichthürde, die niemand umgehen konnte.

›Holldrihö, Herr X, holldrihö, Frau Y‹, das waren ganz übliche Begrüßungsformeln, die der Musterschüler seinen Gesprächspartnern und -partnerinnen gerne zur Begrüßung über den ganzen Firmenflur entgegenrief, wenn er gute Laune hatte, und das war gar nicht einmal so selten.

Auch die Himmelspforte kann nicht besser bewacht gewesen sein als der Eingangskanal zum Vorstand. Der Musterschüler forderte zu allen Vorgängen Berge von Unterlagen an. Hauptunterlagen, Nebenunterlagen, Back-ups und manchmal gab es sogar noch Back-ups zum Back-up. Gemeinsam mit seinen Mitarbeitenden bewegte der Musterschüler Berge, besser Tonnen von bedrucktem Papier. Er war in seinem Inneren der Meinung, auch eine kaufmännische Abteilung müsse ihr Dasein mit ›Produkten‹ rechtfertigen. Und diese seien ja messbar. In Kilogramm Papier.

Seinen Titel als Musterschüler verdiente er sich, weil er sein gesamtes Tun darauf ausgerichtet hatte, seinem Herrn und Meister zu gefallen. Dieses Ansinnen ist zunächst ein ganz natürliches Verhalten. Aber der Musterschüler hatte eine besondere Herangehensweise. Er imitierte einfach seinen Chef, den CFO. Dieser war detailversessen und der Musterschüler lieferte Details. Back-ups zum Back-up. Sie verstehen. Der CFO war ein unangenehmer Typ, berüchtigt für

Wutanfälle und für die Angewohnheit, häufig seinem Gegenüber die Welt zu erklären, und zwar vom Beginn an.

Diese Verhaltensmuster machte sich der Musterschüler zu eigen. Vielmehr noch: Er imitierte ihn, versuchte seine Eigenschaften zu kopieren. Nun war der CFO über die Maßen fleißig in Kombination mit einem messerscharfen Verstand und einem Gehirn, das niemals etwas vergaß. Dies alles versuchte der Musterschüler nachzustellen. Mit einem ebenso beneidenswerten Fleiß, aber deutlich weniger scharfen Intellekt.

Der Musterschüler übernahm sogar die Bonmots seines Chefs. Das umfasste das bereits beschriebene »Holldrihö« und im sechsmonatigen Wechsel neue Redewendungen, die der Musterschüler einfach in seinen aktiven Wortschatz übernahm. Kennen Sie Austin Powers? Er war ganz einfach der Mini-Me des CFO.

Zu seinem Jobverständnis gehörte auch seine Bereitschaft, die Belange des Unternehmens über alle persönlichen und familiären Bedürfnisse zu stellen. So fragte er üblicherweise und in völligem Ernst alle Mitarbeitenden, die in den Urlaub gingen: »Herr X, Frau Y, aber wenn was ist, kann ich Sie jederzeit erreichen, oder? Habe ich Ihre Nummer?« Gleiches erwartete sein unnachgiebiger Chef von ihm und eines war auch völlig klar: Hätte der Musterschüler dem CFO auf eine konkrete Nachfrage hin geantwortet: »Das hat der Herr Müller gemacht, aber der ist jetzt im Urlaub, ich kläre das mit ihm nach seiner Rückkehr und dann melde ich mich«, dann wäre er wohl die längste Zeit in der Position gewesen.

Die Taktik des Musterschülers war also, zu jedem Thema und zu jedem Zeitpunkt auskunftsfähig zu sein. Die Abteilung war groß, die Themen waren vielfältig, das Pensum war für einen einzigen Menschen nicht zu überblicken. Der übliche Prozess war so, dass die Mitarbeitenden des Musterschülers anstehende Themen mit den Themenverantwortlichen, oftmals den Führungskräften aus Tochtergesellschaften, vorbesprachen und mit diesen gemeinsam vorbereiteten. Hauptunterlage, Nebenunterlage, Back-up, Back-up zum Back-up. Sie verstehen. Der Musterschüler las die Unterlagen alle – und zwar tatsächlich alle –, gab Anmerkungen, wo anders formuliert werden sollte und wo noch Back-ups fehlten. Diese ließ er von seinen Leuten erstellen, es kam die nächste Korrekturschleife und der Musterschüler heftete alles ab. Und war immer auskunftsfähig gegenüber seinem Chef.

Vor allem waren die Unterlagen grundsätzlich sprachlich in der höchsten Liga anzusiedeln. Korrekturschleifen hatten auch oft nur zum Inhalt, Formulierungen geschmeidiger zu machen, ein von jemandem keck gesetztes Semikolon durch ein bodenständiges Komma zu ersetzen und beim CFO verhasste Ausdrücke wie ›durch‹ und ›bei‹ zu eliminieren.

Der Musterschüler war berühmt für seinen Fleiß. Mindestens einen Tag am Wochenende verbrachte er ebenso im Büro, um der Aktenberge Herr zu werden. Was ihm immer mal wieder die Arbeit erschwerte, war die Tatsache, dass er als Ingenieur in der kaufmännischen Abteilung, die er führte, eigentlich fachfremd war und sich immer mal wieder thematisch vollkommen vergaloppierte.

Hatte er ein Thema nicht verstanden, so rief er das zuständige Teammitglied zu sich und ließ sich die Zusammenhänge erklären. »Also, ich fasse mal zusammen: Wir brauchen dieses Projekt, damit wir damit neue strategische Handlungsfelder erschließen, uns vom Wettbewerb nachhaltig absetzen, ein neues und einzigartiges Produkt kreieren … (hier stellen Sie sich jetzt bitte einen zweiminütigen Monolog vor) … und deswegen ist das gut. Habe ich das richtig zusammengefasst?«

Antwort des Mitarbeiters: »Nein, das ist völlig falsch, die Zusammenhänge sind ganz anders.«

Musterschüler: »Na schön, also noch mal: Wir brauchen dieses Projekt … (hier folgte wieder der exakt gleiche Monolog).«

Der Mitarbeiter raufte sich innerlich die Haare und bedauerte sich selbst, dass es ihn wieder einmal erwischt hatte: »Nein, noch mal: Das ist einfach total falsch zusammengefasst. Ich kann das noch einmal erklären.« Die dann folgende Diskussion mündete darin, dass der Mitarbeiter mit dem Auftrag das Büro verließ, noch einige neue Back-ups zu erstellen, und dann war der Musterschüler erst einmal beruhigt. Jede Unterlage, die er final annahm, studierte er genau und er wusste, was sie enthielt. Böse war er seinen Mitarbeitenden nie, allerdings gab es auch nur in wenigen persönlichen

Momenten der größten Verzweiflung mal zu: »Hicke-hacke-hei, ich kapier's einfach nicht!« Er versuchte seinem damaligen Chef, dem Diktator in diesem Buch, nachzueifern und klaute gelegentlich sogar dessen Floskeln.

Musste er selbst dem Vorstand in Meetings Rede und Antwort stehen, waren das Stresssituationen für ihn. Er entwickelte auch hier eine konsequente Taktik, indem er einfach die vorhandenen Unterlagen in hohem Tempo vortrug, um unangenehme Fragen weitestmöglich zu vermeiden. Kam es doch zu Fragen, scannte er einfach schnell in Gedanken alle Back-ups durch und zeigte den Anwesenden dann schnell die entsprechende Slide. Oft passte die Antwort gar nicht zu 100 % zu der gestellten Frage. Das machte aber nichts. Der Musterschüler zog bei fortgesetztem Nachfragen ein Back-up nach dem anderen. Entweder er konnte auf diesem Weg dann doch Antworten geben, die dem Vorstand Auskunft genug waren, oder der Vorstand gab das Nachfragen irgendwann entnervt auf.

Über die Jahre perfektionierte der Musterschüler diese Vorgehensweise und wurde besser. Allerdings wurden auch seine Folienvorträge länger und länger. 200 Seiten (inkl. Back-ups und Back-ups für die Back-ups) waren für ein neunzigminütiges Gespräch seine übliche Ausstattung, mit deren Vorbereitung er Heerschaaren an Mitarbeitenden beschäftigte.

Diese Arbeitsweise war solide, weitgehend frei von Fehlern, aber nicht sonderlich innovativ, kreativ oder gestaltend. Berge von Arbeit wurden erledigt, aber ein großes Lob erhielt der Musterschüler von seinem Chef nie.

Schmachvoller Beleg hierfür waren die vom Vorstand ausgerichteten Weihnachtsfeiern, zu denen alle Mitarbeitenden des Ressorts eingeladen waren und bei denen der Vorstand in seinen legendären Reden die Jahresleistung jeder Abteilung – und dabei eigentlich aller Köpfe seiner Abteilungen – würdigte. Stellt die Weihnachtsfeier in jedem Unternehmen immer mit Abstand den gesellschaftlichen Höhepunkt und einen Abend des großen Dankeschöns aus der Chefetage dar, musste der Musterschüler sich hingegen in jedem Jahr auf eine etwas differenzierte Würdigung seiner Leistung einstellen. Die übrigen Führungskräfte auf der Ebene unseres Musterschülers ernteten stets ein »Dankeschön, das war ein gutes Jahr!«, ein »Sehr ordentliche Projektbearbeitung!« oder ein »Meinen verbindlichsten Dank!«. Der Musterschüler fand Erwähnung irgendwo im langen Mittelteil der Rede und wurde mit seiner Abteilung stets mit einem »Ach ja, Sie waren ja auch da« bedacht. Im wahrsten Sinne des Wortes.

Der Musterschüler ertrug es. Seine Mitarbeitenden lud er gesondert von dieser ›großen‹ Weihnachtsfeier stets noch zur ›kleinen‹ Feier der Abteilung ein. Dort bedankte er sich bei ihnen für die guten Leistungen des Jahres und verlebte immer einen lustigen Abend, wenn er auch stets auf die Belastung des Firmenportemonnaies achtete und so gut es ging sicherstellte, dass aus Bier und Wein nicht plötzlich Cocktails und Champagner wurden.

Seine absolute Loyalität zu seinem Chef war sprichwörtlich. Über die Jahre erkämpfte er sich ein gutes Standing in den Führungsreihen des Konzerns, weil er als enorm fleißiger und sympathischer Mensch, der dazulernte, bekannt war, zu jedem Thema mitsprechen konnte – auch wenn ihm immer mal wieder die letzte Substanz fehlte und er hier und da großen Unsinn erzählte – und auch, weil seine unbedingte Loyalität von allen wahrgenommen wurde.

Dann gab es da die Szene, in der der Chef des Musterschülers ein Meeting mit verschiedenen Führungskräften anberaumt hatte. Zu dessen Beginn waren alle Teilnehmenden außer dem Vorstand schon eingetroffen, auf dessen Auftritt sie warteten. Irgendwann erschien der Letztgenannte mit einem gestressten Gesichtsausdruck, knurrte ein »Guten Tag, meine Herren!« in den Raum, um alle schon einmal an die Möglichkeit eines umfassenden Donnerwetters zu erinnern, und setzte sich neben seinen treuen Vasallen, der ihm natürlich den richtigen Platz am Tisch pflichtschuldig reserviert hatte. Auch diesen begrüßte er nicht oder bedankte sich gar für die schnelle Organisation des Termins, sondern befahl ihm schlicht: »Nun schenken Sie mir mal einen Kaffee ein, oder können Sie das auch nicht?«

Der Musterschüler ertrug es und ließ sich nichts anmerken. Er hielt mehrere Jahre durch, und als schließlich die Geschäftsführungsposition im Konzern frei wurde, die er gerne haben wollte, brachte er sich bei seinem Chef ins Spiel und bekam die Stelle tatsächlich. Auch dem CFO war natürlich klar, dass es eine gute Idee war, an zentralen Stellen loyale Mitarbeitende zu haben. In seinem neuen Umfeld brachte der Musterschüler seine neuen Mitstreitenden zu Beginn mit seinen Wünschen nach Back-ups und Back-ups zu den Back-ups zwar an den Rand des Wahnsinns, aber eben auch nur an den Rand. Und er war erfolgreich. Dauerhaft.

Fazit

Der Musterschüler ist im Kern ein erfolgreicher Manager. Nicht perfekt allerdings – seine Schwächen liegen in seiner kaum ausgeprägten Innovationskraft. Er ist eher ein mechanistischer Umsetzer. Als Führungskraft gelingt es ihm nicht, sein Team übermäßig zu motivieren, aber immerhin ziehen alle im Rahmen ihrer Möglichkeiten mit.

Er legt keinen Wert darauf, seine Mitarbeitenden besonders zu fördern oder zu entwickeln. Die beste Entwicklung für diese besteht seiner Ansicht nach darin, sie zu optimalen Back-up-Erstellungsmaschinen zu machen. Dabei tritt er stets jovial auf und hat nichts gegen ein freundliches Abteilungsklima einzuwenden. So passiv wie hier dargestellt ist auch sein Umgang mit dem Themenkreis Führung. Eine aktive Auseinandersetzung mit Themen der Zusammenarbeit? Fehlanzeige! Braucht er nicht. Er ist schließlich der Auffassung, dass er diesbezüglich alles ideal organisiert habe. Insbesondere hält er ›Workshops‹, ›Gruppendebatten‹ und ähnliche Veranstaltungen für neumodischen Unfug, der niemanden so richtig weiterbringe.

Woher das kommt? Der Musterschüler – Sie ahnen es – ist in seinem tiefen Inneren ein streng hierarchisch denkender Mensch, der sich selbst in einer ›Befehlskette‹ verankert sieht und das, was er von oben entgegennimmt, in Arbeitspakete verpackt und nach unten weiterreicht. So einfach ist seine Welt. Mit etwas mehr Innovations- und Gestaltungskraft hätte aus ihm ein Superstar als Führungskraft werden können.

Zum Fazit gehört auch die Erkenntnis, dass der Musterschüler als

Führungskraft für sein Team ganz okay ist. Er profitiert davon, dass er sich selbst ein Team zusammengestellt hat, das menschlich untereinander gut funktioniert. In Verbindung mit der Tatsache, dass es wenig übergreifende Themen gibt, in denen man sich in die Quere kommen könnte, ist die Grundstimmung im Team schon per se harmonisch. Der Musterschüler will, dass dies möglichst ohne Veränderungen und Fluktuation lange so weiterbesteht, und er versteht nicht, dass seine Mitarbeitenden – alles hochspezialisierte Fachleute mit langer Berufserfahrung – sich auch weiterentwickeln wollen. Warum eigentlich? Sie haben es doch gut beim ihm. Denkt er.

Typische Verhaltensmuster und Sprachbeispiele

Feedbackverhalten

Feedback ist für den Musterschüler ein Instrument, das anzuwenden ist, wenn etwas in die Hose gegangen ist. Denkt der Musterschüler. In diesen Fällen belehrt er die Person, welche die Quelle des Fehlers ist, intensiv, macht ihr die möglichen Auswirkungen bei Vorstand und Aufsichtsrat über Gebühr deutlich. Klar wird dabei, dass er gehörigen Respekt davor hat, selbst eine Etage höher zur Rechenschaft gezogen zu werden, sofern der Fehler nicht mehr zu korrigieren ist. Zugutehalten muss man dem Musterschüler immerhin, dass er Fehler seiner Abteilung stets auf die eigene Kappe nimmt und der Zorn noch höherer Stellen nie die Mitarbeitenden selbst erreicht.

Kommunikationsverhalten

Der Musterschüler hält persönliche Distanz. Seltene persönliche Bemerkungen über erzählenswerte Vorfälle aus der eigenen Familie erfüllen nur die Funktion, Small-Talk-Lücken zu schließen und ein Gefühl persönlicher Nähe zu erzeugen, ohne dass er diese Geschichte unbedingt einmal erzählen wollte, weil es ihm ein Bedürfnis wäre. Gegenüber Mitarbeitenden ist er mit solchen persönlichen Offenbarungen noch restriktiver als bei Gleichgestellten. Er hält grundsätzlich eher persönliche Distanz und gäbe vor allem nie etwas preis, aus dem man persönliche Fehlbarkeit ableiten könnte.

Seine Kommunikation im eigenen Team ist klar, da er stets weiß – oder zu wissen glaubt –, wie eine Aufgabe zu lösen ist. Schwierig wird es, wenn Mitarbeitende anmerken, dass die gestellte Aufgabe nicht sinnstiftend sei, und ein anderes Vorgehen vorschlagen. Solche Situationen versucht der Musterschüler mit Floskeln wie »Können wir ja vielleicht später noch mal zusätzlich machen« oder anderen wegzureden. Gelingt das nicht, können auch einmal hitzige Diskussionen entstehen.

Arbeitsverhalten

Das Arbeitsverhalten des Musterschülers ist von außerordentlichem Fleiß gekennzeichnet. Er ist sich nicht zu schade, sich auch selbst vor den Bildschirm zu setzen und den Computer zu bedienen. Allerdings übernimmt er dabei auch viele Arbeitsschritte, die seine Mitarbeitenden ebenso gut erledigen könnten. Zurückzuführen ist dies immer wieder auf das Gefühl der Notwendigkeit, die Zügel alle in den eigenen Händen zu halten, um die Kutsche zu steuern.

Auch wenn es ein Sechzehnspänner ist. Und die Pferde eigentlich fliegende Kanonenkugeln mit unterschiedlichen Richtungen.

Persönliches Verhalten

Der Musterschüler zeichnet sich durch seine Integrität aus. Er beteiligt sich niemals an politischen Spielchen im Unternehmen, sondern hält sich fern.

Seine Auftritte sollen vor allem Souveränität und Unangreifbarkeit ausstrahlen. Dies gelingt ihm nicht in jedem Fall, weil er immer wieder in Situationen gerät, in denen er mit seinem Latein am Ende ist. Für diese Fälle hat er dann immer ein Back-up dabei – gerne auch ausgedruckt im Aktenordner.

Für Mitarbeitende ist es extrem anspruchsvoll, den Musterschüler zu Versprechen oder Zusagen zu überreden. Hier gilt es einfach, ihn immer wieder mit einem Wunsch zu konfrontieren und am Ball zu bleiben. Ist er auch der Meinung, dass beispielsweise eine Gehaltserhöhung von 200 € für den Mitarbeitenden angemessen sei, wird er sich irgendwann darum kümmern, wenn er merkt, dass sein Teammitglied nicht lockerlässt. Um dann bei der Bekanntgabe ausgiebig zu erläutern, dass die Firma damit nun an den Rand des liquiditätsmäßigen Weltuntergangs geraten und so etwas natürlich nur einmal im Leben möglich sei – wenn überhaupt.

Ein typischer Dialog zu einem x-beliebigen Thema

Mitarbeiter (MA):»Chef, mit der PowerPoint-Folie, die ich für Sie anfertigen sollte, gibt es noch ein Problem.«

Musterschüler (MS):»Holldrihö, Herr X, was ist denn damit?«

MA:»Ihr Grundgedanke hat sich leider als falsch herausgestellt, nun sind die Ergebnisse ganz anders als erwartet!«

MS:»Hicke-Hacke-hei, aber wenn man mit der richtigen Flughöhe auf das Thema schaut?«

MA:»Leider nein. Die Zusammenhänge sind alle gegensätzlich. Wir lagen völlig falsch. Ich kann da heute Abend noch dran arbeiten, aber ab morgen bin ich ja im Urlaub, wie Sie wissen.«

MS:»Dann formulieren wir den Text etwas anders und die Analyse lassen wir so. Das geht dann schon.«

MA:»Nein, Entschuldigen Sie, aber davon rate ich Ihnen dringend ab. Damit kommen Sie in Teufels Küche.«

MS:»Also, ich sag mal in die Tüte: Formulieren Sie das mal um und machen Sie mir noch ein Back-up zu dem veränderten Teil in der Analyse. Da muss so ein Kreisdiagramm rein. Aber bitte schön das Corporate Design beachten. Dann stimmt das wieder.«

MA:»Okay, wenn Sie meinen, aber richtig ist das dann immer noch nicht … Ich schicke Ihnen das nachher und verabschiede mich in den Urlaub.«

MS: »Danke. Schönen Abend noch! Ginge das eigentlich bei Ihnen, den Urlaub noch zwei Tage zu verschieben?«

MA: »Nein, der Flug geht morgen früh.«

MS: »Na gut, aber Sie haben ja Ihr privates Handy dabei, dann kann ich Sie ja jederzeit anrufen.«

MA sagt nichts mehr.

Was könnte der Musterschüler reflektieren?

»Sei einfach mal du selbst und versuche nicht, jemand anderes zu sein!« Ein bisschen mehr Selbstvertrauen aufgrund der eigenen Stärken stünde unserem Musterschüler ganz gut zu Gesicht. Und etwas Mut. Und zwar genau der Mut, den es braucht, um zuzugeben, selbst nicht perfekt zu sein und sich der eigenen Schwächen bewusst zu sein.

Der Musterschüler in dieser Geschichte hatte lange Jahre eine höchst anspruchsvolle Aufgabe gut bewältigt, keine wesentlichen Fehler gemacht und war immer zuverlässig, und zwar in einem Ausmaß, das auch über die Anforderungen an eine obere Führungskraft weit hinausgeht. Hätte er dieses seinem Herrn und Meister ab und zu auch einmal ganz subtil ins Gedächtnis gerufen, hätte er sich den einen oder anderen Samstag im Büro gespart und trotzdem noch einen hervorragenden Job gemacht.

Und noch etwas: Ein gutes Team zu einem Topteam zu entwickeln, wäre eine der Aufgaben gewesen, die unser Protagonist verschlief.

Tipps an die Mitarbeitenden eines Musterschülers

Der erfolgreichste Weg als Mitarbeiter eines Musterschülers ist es wohl, selbst eine Minikopie dieser Führungskraft zu werden. Sie kommen nicht umhin, seine Eigenschaften mehr oder minder anzunehmen und vor allem ebenso fleißig zu sein wie er selbst. Nehmen Sie Ihrem Chef bewusst auch mal Arbeit ab, denken Sie für ihn mit und seien Sie ihm einen Schritt voraus. Versuchen Sie herauszufinden, wie er denkt, und dann liefern Sie ihm Antworten auf seine Fragen, bevor er diese gestellt hat. Sie werden sehen, dass das gar nicht so schwierig ist. Bleiben Sie dabei dezent und werden Sie nicht belehrend.

So wird der Musterschüler langsam lernen, dass er sich auf Sie verlassen kann. Machen Sie nicht den Fehler und beteiligen sich an den Boshaftigkeiten, die andere Führungskräfte in informellen Runden über den Musterschüler absondern. Bleiben Sie loyal und lächeln Sie nach innen. Der Musterschüler mag kein guter Teamentwickler sein, aber er ist ein guter Beobachter und weiß, was er an Ihnen hat.

Es gibt übrigens auch eine Alternativstrategie im Umgang mit dieser besonderen Spezies: Erledigen Sie zuverlässig Ihre Aufgaben, machen Sie immer nur eine Nuance mehr, als der Durchschnitt tun würde, ducken Sie sich, wenn Sonderaufgaben verteilt werden, und bemühen Sie sich, pünktlich nach Hause zu kommen. Solange alles Wichtige zur rechten Zeit erledigt wird, wird der Musterschüler Ihnen auch Ihre Ruhe lassen.

Zauberer und Zampano

Die Geschichte

Der Führungstyp Z² (Zauberer und Zampano) ist ein Beispiel für das Paradigma ›Niemand kann es überall‹. Was ich damit meine? Schauen Sie sich zum Beispiel bekannte Fußballtrainer und -trainerinnen an: Die trainieren in einem Jahr die Mannschaft A und werden Vizemeister, dann in einem anderen Jahr die Mannschaft B und werden wegen Erfolglosigkeit entlassen. Im Anschluss tauchen sie bei der Mannschaft C als Coach auf und führen diese zu historischen Erfolgen. Immer die gleiche Person, aber an unterschiedlichen Orten und vor allem in unterschiedlichen Systemen. Erfolg resultiert aus dem Zusammenspiel von eigenen Charakteristika und den Dispositionen des Systems. Wenn diese beiden Faktoren harmonieren, dann folgt Erfolg! Passt es dagegen nicht, folgt genau so konsequent Misserfolg. Hört sich trivial an? Ist es nicht. Denn ob ein System, also ein Unternehmen, Ihre Talente zum Klingen bringt oder Sie gnadenlos auf den Boden Ihrer Unfähigkeiten zurückwirft, merken Sie erst, wenn Sie sich zusammen aufs Parkett wagen. Dann beginnen die Stunden der Wahrheit.

Die Stunden der Wahrheit begannen für unseren Protagonisten, als er in einem börsennotierten Unternehmen die Verantwortung für eine ganze Sparte übernahm. Bis zu diesem Zeitpunkt war er erfolgreicher Berater in einer der Big Five Consultancies und bar jeder Führungserfahrung, wenn man von der Tätigkeit als Jugendtrainer einer Volleyballmannschaft einmal absieht. Ergo führungstechnisch ein echtes Vabanquespiel des börsennotierten Unternehmens. Zumal wenn man betrachtet, dass sich die besagte Sparte wirtschaftlich im freien Fall befand, also eine Herkulesaufgabe auf den Verantwortlichen wartete. Genau genommen war es sogar mehr als Vabanque, es war all in. Und das Risiko, auf den Rookie zu setzen, sollte sich lohnen. Zumindest eine Weile.

Der Protagonist nahm die Aufgabe an und er kam an. Er suchte die persönlichen Gespräche, war präsent und dialogbereit. Nahezu alle, die ihm begegneten, waren hin und weg, beschrieben ihn als freundlich, nahbar, offen, positiv. Selbst als klar wurde, dass es für einen Teil der Mitarbeitenden nicht wie bisher oder gar nicht weitergehen würde, schallte es über die Flure: »Er ist großartig. Er ist der Beste.« Mitarbeitende, denen er erläuterte, dass ihr Arbeitsplatz in Zukunft 300 km entfernt sein werde oder aber gar nicht mehr vorgesehen sei, kommentierten das mit »Danke« und einem Glänzen in den Augen, als dürften sie jetzt endlich die Reise ins gelobte Land antreten. Das war der Moment, wo aus dem Protagonisten der Zauberer wurde. Er begeisterte die Menschen und was das eigentlich Magische war: Er begeisterte sie mit den guten Nachrichten und ebenso mit den schlechten. Er hielt in keinster Weise mit den Fakten hinter dem Berg. Und auch sein persönliches Verhalten war nicht immer tadellos. Er war sehr emotional und konnte laut werden. Er redete auch nichts schön und verharmloste rein gar nichts. Er legte schonungslos die Zahlen offen, sodass auch den Bleibenden bewusst war, dass ihr Schiff ein fettes Leck hatte und es alles andere als gewiss war, das sichere Ufer zu erreichen. Statt Untergangsstimmung machte sich aber Aufbruchsstimmung breit. Selbst verabschiedete Mitarbeitende hielten Kontakt, um mitzuerleben, wo die Reise hinging. Eine noch nie gesehene Art blinder Passagiere.

Unmittelbar bevor der Zauberer die Sparte übernahm, war von seinem Vorgänger eine neue Personalleiterin eingestellt worden. Sie wartete gespannt auf das erste Zusammentreffen mit ihrem neuen Chef und fragte sich, ob er sie akzeptiere oder als Relikt seines Vorgängers betrachten und infrage stellen werde. Alle ihre Befürchtungen lösten sich bereits im ersten Gespräch in Luft auf. Der Zauberer sah ihren Platz ganz nah bei sich, als seine Vertraute. Diese Personalleiterin stiftete auch ein Beispiel für seine Fähigkeit, mit wenigen Worten den Unterschied zu machen: Nach einem für sie privat anspruchsvollen Wochenende fragte der Zauberer sie, was mit ihr los sei und ob es ihr nicht gut gehe. Sie erzählte ihm, dass sie sich am Wochenende fast von ihrem Partner getrennt habe. Der Zauberer drückte sein Bedauern aus und bot ihr an, mit ihm essen zu gehen, wenn sie darüber reden wolle. Sie könne auch gerne einen Tag frei nehmen, wenn es zur Klärung nötig sei. Als sie ihn fragte, woran er denn gemerkt habe, dass es ihr nicht so gut gehe, sagte er: »Du strahlst sonst so und strömst so viel Wärme und Liebe aus, dass man es dann eben gleich spürt, wenn etwas anders ist.« Die Personalleiterin war zutiefst berührt von diesen Worten und brach in Tränen aus. Nun mag man es angemessen finden oder auch nicht, Mitarbeitende mit seinen Worten zu Tränen zu rühren. Was aber unstrittig festzuhalten ist: Er bewegte die Menschen auf eine fast übernatürliche Weise. Ein weiteres Beispiel dafür: Im Zuge der von ihm durchgeführten Reorganisation musste einer der langjährigen Abteilungsleiter, jenseits der fünfzig, dem mehr als zwanzig Mitarbeitende anvertraut waren, seinen Platz räumen und war fortan Experte in einer Stabsstelle. Daraufhin befragt, wie sich das für ihn anfühle, entgegnete er lächelnd: »Das ist total okay. Ich bin absolut zufrieden.« Dass dies keine Schutzbehauptung oder leere Worte waren, mag man der Tatsache entnehmen, dass dieser ehemalige Abteilungsleiter samt seiner Familie zwei Jahre später auf der Hochzeit des Zauberers ausgelassen mitfeierte. Das muss man sich mal auf der Zunge zergehen lassen: Der Zauberer degradiert jemanden schonungslos, beraubt ihn aller Insignien der Macht, parkt ihn in einer Stabsstelle und der vermeintlich Geschmähte versteht das nicht nur, sondern ist zutiefst einverstanden damit. Das hat schon etwas Transzendentales. Und ist typisch für den Zauberer. Wenn sich Charisma, Intellekt, Ehrgeiz und Warmherzigkeit treffen, dann gehen die Pforten des Himmels auf und es wird geradezu paranormal.

Eigentlich überflüssig zu erwähnen, dass der Zauberer den Turnaround schaffte und die Sparte ans vermeintlich sichere Ufer brachte. Und nicht nur das. Auf dem Weg dahin wurde aus der ollen Fregatte, dank neuem Portfolio und zusätzlichen Kunden, eine schicke Yacht. Und wie von Zauberhand hatten sich die Vorzeichen in den Büchern gewandelt: Wo vorher ein Minus stand, prangte jetzt ein fettes Plus. Es blieb magisch.

In den zwei Jahren seines Schaffens verzeichnete das Unternehmen konzernweit eine enorme Expansions- und Wachstumskurve. Es zeichnete sich aber auch ab, dass dieses Wachstum an manchen Stellen kaufmännisch vielleicht nicht hinreichend solide unterfüttert sein könnte. Zum Beispiel wurden auf der Habenseite nicht nur wasserdichte Verträge verbucht, sondern auch eher weniger wasserdichte Letters of Intent. Platt formuliert: Die angenommenen und ausgewiesenen Umsätze waren gefährlich aufgepumpt, es entstand eine Blase. Zeit für den Zauberer, einzupacken und den Zauberstab woanders zu schwingen.

Nach ein bisschen weniger magischem Hin und Her gründete der Zauberer sein eigenes Unternehmen. Dort wollte er seinen Visionen folgen und Großes entstehen lassen. Für ihn begannen erneut Stunden der Wahrheit.

Der harte Kern der Mitarbeitenden in seinem eigenen Unternehmen bestand aus den Verzauberten des vorherigen Unternehmens, die dem Ruf des Zauberers nur zu gerne folgten. Und wieder einmal zeigte der Zauberer, was er draufhatte. Er akquirierte Kunden, wie andere Donuts essen. Noch im ersten Jahr konnte er von sich sagen, bei zwei Dritteln der DAX-Unternehmen Termine in der Chefetage gehabt zu haben, eine signifikante Anzahl davon sogar zu Kunden gemacht zu haben. Und auch die Anzahl an Mitarbeitenden wuchs. Der Zauberer war ein begnadeter Vertriebler. Außer Kunden akquirierte er aber auch Unternehmen – von der Kunststofffabrik bis zum Dienstleister für Menschen mit Handicap. Wer oder was bei drei nicht auf dem Baum war, wurde auf die eine oder andere Art einkassiert. Er hatte Fahrt aufgenommen und er schien eine sagenhafte Erfolgsstory zu schreiben. Zumal er im Unternehmen ein Pendant hatte. Sein Kompagnon war der Ruhige, der sich um die internen Abläufe kümmerte. Von außen betrachtet eine perfekte Konstellation. Wenn, ja wenn der Zauberer nicht angefangen hätte, sich selbst, statt andere zu verzaubern. Der Erfolg war für ihn wie für Odysseus der Gesang der Sirenen – er konnte ihm einfach nicht widerstehen. Odysseus hatte mehr Glück, weil er die Gefahr erkannte und sie zu bannen wusste. Der Zauberer dagegen verlor die Orientierung, die Nadel seines inneren Kompasses zeigte konsequent auf mehr, noch mehr, immer mehr. Seine Engagements wurden willfährig, seine Beute beliebig. Für die abgeschlossenen Beratungsverträge fehlten irgendwann die Mitarbeitenden, für die zugekauften Unternehmen sowohl Sanierungs- wie Entwicklungskonzepte. So fiebrig wie er sein Unternehmenskonglomerat in den Markt trieb, so schnell konnte niemand hinter ihm die Stützpfeiler ziehen. Zwischen Unternehmenswachstum und Unternehmensentwicklung ging eine Schere auf, die letzten Endes zur totalen Grätsche geriet. Das Geld reichte nicht mehr für alle Aktivitäten gleichzeitig. Also wurde an der einen Stelle etwas genommen, um es an anderer Stelle zu investieren. Es wurden Löcher gerissen, um andere zu stopfen. Die Geröllhalde war unwiderruflich ins Rutschen geraten. Auch der ruhige und besonnene Kompagnon konnte weder das Unternehmen noch den Zauberer auf Kurs halten. Die Sirenen sangen zu laut. Verblendet vom vermeintlichen Erfolg begann der Zauberer zu irrlichtern. Wo er zuvor andere verzaubert hatte, haute er sich jetzt allmorgendlich den Zauberstab auf den eigenen Kopf und frönte einem »Abrakadabra. Dreimalschwarzerkater. Sobald ich es denke, wird es Realität«. Was ihn im ehemaligen Unternehmen ausgemacht hatte, wurde nun im eigenen zum Fallstrick. Um es mit Friedemann Schulz von Thun zu sagen: Wenn wir unsere Stärken übertreiben, werden sie zu unseren Schwächen.

Dort, wo er vorher Magie versprüht hatte, hagelte es jetzt prahlerisches Gebaren. Wo er ehemals begeistert hatte, entgeisterte er nun die Menschen. Aus Charisma wurde Hybris, aus Intellekt Eskapismus, aus Ehrgeiz Blindwütigkeit, aus Warmherzigkeit Selbstsucht. Aus transzendental wurde Simsalabim. Und aus dem Zauberer ein Zampano. Er glaubte und wollte andere glauben lassen, dass er auch Unmögliches möglich machen könne. Das Ergebnis waren unhaltbare Versprechungen zum Beispiel an Geldgeber über zu erwartende Gewinne. Oder Container voller Ware, die zur Fußball-WM in den Stadien verkauft werden sollten, stattdessen aber in irgendwelchen Häfen lagen. Für diese Ware gab es keine zweite Chance. Für den Zampano auch nicht. Am Ende war sein Unternehmen das, was er im vorherigen Unternehmen durch gutes Timing noch erfolgreich vermieden hatte: eine Blase. Er war in seiner eigenen Firmen- und Führungsblase angekommen, die kurz darauf zerplatzte – komplett und rückstandsfrei. Die Stunde der Wahrheit. Niemand kann es eben überall, auch nicht der Typ Z^2, der je nach System, in dem er sich bewegt, als Zauberer mit Magie und traumwandlerischer Sicherheit agiert oder aber als Zampano sich – und nicht nur sich – in seiner Vermessenheit verliert.

Fazit

Der Typ Z^2 verfügt über alle Fähigkeiten, die eine gute Führungskraft ausmachen. Genau genommen gehen seine Fähigkeiten weit darüber hinaus. So unbändig seine Energie und seine Wirkkraft sind, so sehr braucht er aber ein äußeres Korrektiv, das ihn vor Übertreibung und Entgrenzung bewahrt. Der Typ Z^2 ist sehr im Außen, daraus resultiert unter anderem sein Charisma. Dabei fehlt es ihm aber an innerer Referenz. Er benötigt zwingend extern vorgegebene konkrete Ziele, da sein inneres Zielzentrum lediglich ein undifferenziertes ›Mehr‹ kennt. Er ist sich selbst die größte Gefahr. Gerät er außer Kontrolle, kann er wirkungsvoll, wie er eben ist, großen Schaden anrichten und auch Leid verursachen.

Der Typ Z^2 ist ein Hochkaräter, der eine angemessene Fassung braucht, um beständig in all seinen Facetten strahlen zu können. Wenn er diese hat, dann schwebt er mit traumwandlerischer Sicherheit übers Parkett und bewerkstelligt mit einer Leichtigkeit Großartiges – was einen glauben lässt, dass er vielleicht doch zaubern könne.

Typische Verhaltensmuster und Sprachbeispiele

Feedbackverhalten

Als Zauberer: Sein Feedback ist wertvoll, wohlwollend bis schonungslos, differenziert und fundiert.

Als Zampano: In der fortgeschrittenen Version hat er eine Art Locked-in-Syndrom und kann keine reflektierte Verbindung mehr zu anderen Menschen herstellen. Sein Feedback wird pathologisch und damit wenig nützlich. Der, der es bekommt, sollte es ignorieren.

Kommunikationsverhalten

Als Zauberer: Ein unermüdlicher und guter Zuhörer. Er bevorzugt 1:1-Gespräche oder die Ansprache coram publico. Gespräche in Kleingruppen oder die klassische Diskussion am runden Tisch sind nicht so sein Ding. Irgendwann dreht er diese, indem er zum Beispiel ans Flipchart schreitet und die Führung übernimmt, also eine Coram-publico-Situation initiiert.

Als Zampano: Sein Hang zum Monolog geht mit ihm durch. Er textet die Mitarbeitenden und andere wund. Ein Dialog ist kaum noch möglich.

Arbeitsverhalten

Der Typ Z^2 ist strukturiert, aber arbeitet nur bedingt planvoll. Er hat einen Hang zum übervollen Terminkalender, was zu Unpünktlichkeit führt. Seine Flexibilität lässt ihn spontan neu priorisieren, was ihm auf Dauer das Etikett ›unzuverlässig‹ anhaften lässt.

Persönliches Verhalten

Als Zauberer: zugewandt, offen, freundlich, intuitiv, emotional, schnell, überzeugend.

Als Zampano: impulsiv, realitätsfern, unbelehrbar, dogmatisch, zweifelhaft, häretisch.

Ein typischer Dialog zu einem x-beliebigen Thema

Als Zauberer:

Mitarbeitender: »Das Ergebnis für das dritte Quartal ist in Gefahr. Uns fehlen 250.000 Euro.«

Zauberer: »250.000 Euro zu wenig Ergebnis. Verstehe. Das heißt, wir brauchen kurzfristig 1,25 Millionen Euro Umsatz. Okay. Das ist ein größeres Projekt oder alternativ ein paar kleinere. Die hole ich uns.«

Mitarbeitender: »Okay. Aber wie?«

Zauberer: »Ich mache im Anschluss an unser Gespräch direkt kurzfristige Termine mit x, y, und z.«

Mitarbeitender: »Und was wirst du denen verkaufen?«

Zauberer: »Das weiß ich noch nicht. Die wissen vielleicht auch noch nicht, was sie brauchen. Aber jeder hat immer einen Bedarf. Jedes Unternehmen hat immer ein Problem, bei dem wir helfen können, es zu lösen, oder ein Potenzial, das wir zu heben helfen können. Das werden wir im Gespräch herausfinden. 1,25 Millionen Euro? Kein Problem. Mach dir keine Sorgen, ich hole uns den Umsatz bis zum Ende von Q3.«

Als Zampano:

Mitarbeitender: »Das Projekt x ist in Gefahr. Wir haben akute Lieferschwierigkeiten. Die Ware ist dem Kunden bis zum Ende des Monats zugesagt, steckt aber im Zoll fest. Der Grund sind Formfehler in den Einfuhrformularen.«

Zampano: »Bis zum Ende des Monats soll die Ware beim Kunden sein? Das sind noch sieben Tage. Das klappt. Keine Sorge.«

Mitarbeitender: »Okay. Aber wenn nicht?«

Zampano: »Da gibt es kein ›wenn nicht‹. Das klappt. Die Ware ist doch schon beim Zoll, das heißt so gut wie ausgeliefert.«

Mitarbeitender: »Sie ist zwar beim Zoll, hängt da aber fest und ich habe die Info, dass der Prozess, die Formulare zu korrigieren, zwei bis drei Wochen dauern wird. Erst dann wird die Ware ausgeliefert. Wir schaffen es also definitiv nicht bis zum zugesagten Termin. Wir sollten mit dem Kunden reden, um eine Konventionalstrafe zu verhindern.«

Zampano: »Den Kunden anrufen? Das ist eine gute Idee. Ich rufe den Kunden an und sage ihm, dass alles okay ist und die Ware wie vereinbart pünktlich kommt.«

Mitarbeitender: »Chef, der Zoll …«

Zampano: »Verstanden. Ich mach das, keine Sorge! Alles ist gut.«

Was könnte der Typ Z² reflektieren?

Zauberer oder Zampano? Mit vielen Talenten gesegnet zu sein, ist Segen und Fluch zugleich und kann einem Ritt auf der Rasierklinge gleichkommen. Der Typ Z² sollte sich einen menschlichen Spiegel suchen, dem er vertraut und der ihm regelmäßig sagt, ob er sich noch auf der richtigen Seite befindet.

Manchmal ist weniger mehr. Der Typ Z² hat so viel und ist so viel. Mehr wird schnell zum Zuviel. Er sollte sich mäßigen. Innehalten. Atmen. Die Ruhe entdecken. Im Kopf.

Wann ist es genug? Der Typ Z² sollte seine Werte kennen und seine Ziele benennen. Die Ziellinie präzise markieren und feststellen, wenn er sie erreicht hat. Sobald er sie überschritten hat, sollte er genießen und feiern. Dann – erst dann – sollte er über neue Horizonte nachdenken.

Tipps an die Mitarbeitenden eines Typs Z²

Flache Schuhe anziehen, mitrennen, dranbleiben, Ohren und Augen aufhalten und lernen! Sollten Sie dem Typ Z² in einem Umfeld begegnen, das den Zampano in ihm rauskehrt, dann lernen Sie, wie man es auf keinen Fall – auf gar keinen Fall! – machen darf. Auch eine wichtige Lektion.

Arbeiten Sie mit ihm als Zauberer zusammen, dann lassen Sie sich verzaubern und nehmen Sie das, was Sie mit ihm und durch ihn erleben, als Maßstab für Führung mit in Ihr weiteres Berufsleben. So oder so: Sie werden ihn nie vergessen!

Die Pazifistin

Die Geschichte

Das ist die eine Führungskraft, die man nie vergisst: Die erste ›richtige Chefin‹ oder der erste ›richtige Chef‹ im ersten ›richtigen Job‹! Mit der ersten Chefin oder dem ersten Chef verhält es sich ein bisschen wie mit dem ersten Freund oder dem ersten eigenen Auto: Man erinnert sich definitiv daran!

Meine erste Chefin war, wie viele andere erste Chefs auch, der Schlüssel für eine neue Welt. Eigentlich war sie ein ganzer Schlüsselbund: Ich betrat zum ersten Mal ein 5-Sterne-Hotel, war niemals zuvor in Frankfurt, das erste Mal Assistentin und bekam mein erstes ›Büro‹. Es verdiente allerdings nicht wirklich diesen Namen, denn es handelte sich um eine 2 qm ›große‹ Parzelle, die vom Büro meiner Chefin zu diesem Zwecke mit einer Glaswand abgetrennt worden war. Das Ganze ohne eigenes Fenster oder eine Lüftung, was in Anbetracht des enormen Zigarettenkonsums der Chefin eine echte Herausforderung war. Sie rauchte Kette und saß inmitten der von ihr produzierten Rauchschwaden, als wolle sie sich für alle Zeiten konservieren. Demnach hätte sie auch ›Die Geräucherte‹ heißen können. Ihr Zigarettenkonsum war am Ende allerdings ihr kleinstes Problem. Dazu später mehr. Ich hatte so mit dem blauen Dunst zu kämpfen, dass ich beschloss, gegenzuhalten. Sie wissen schon, Feuer mit Gegenfeuer bekämpfen. Mir fiel nichts anderes ein. Manchmal konnten sie und ich einander durch die dichten Qualmschleier eher vermuten als wirklich sehen.

Bitte entschuldigen Sie den Zigarettenexkurs, aber das hat sich so tief in mein Gedächtnis eingegraben, ich kann es immer noch riechen. Wenn Sie möchten, nehmen Sie mit: Sie wissen nie, was genau von Ihnen als Führungskraft bei Ihren Mitarbeitenden lebenslang hängen bleibt. Rechnen Sie mit allem.

Zurück zur Pazifistin. Sie war eine Quereinsteigerin und seit einigen Jahren als Personalleiterin in diesem Unternehmen tätig. Das Unternehmen gehörte zu einem Konzern, an dessen Spitze nach einem Stühlerücken eine unternehmensweite ›Professionalisierungs-offensive‹ in Sachen Personalmanagement beschlossen wurde. Das Head Office hatte entschieden, dass deutschlandweit alle Personal-verantwortlichen einen Assistenten oder eine Assistentin einzustellen hätten. Zwingende Voraussetzung: ein Studium und zumindest ein theoretisch ausgewiesener HR-Background. Also wurden die Stellen ausgeschrieben und zusätzliche Arbeitsplätze eingerichtet. Auf einem solchen saß ich nun. Wenn man die Tatsachen einmal bei Lichte und in Ruhe betrachtet, war ich meiner Chefin völlig un-gefragt an die Seite gestellt worden, mit einem in Neon leuchtenden Etikett auf der Stirn: ›Ich-kann-was-was-du-nicht-kannst‹. Was für Voraussetzungen für eine erfolgreiche Zusammenarbeit!

Erst einmal lernte ich aber, was ich so alles nicht konnte. Zum Beispiel mich dem Umfeld entsprechend zu kleiden: Eines Morgens kam ich gut gelaunt ins Büro, als meine Chefin mich umgehend an ihren Schreibtisch beorderte (der ihr verbleibende Teil des Raumes verdiente nun auch nicht mehr wirklich die Bezeichnung ›Büro‹) und mir unumwunden sagte: »So geht das nicht, das können Sie vielleicht privat tragen, aber nicht hier.« Also drehte ich mit Scha-mesröte im Gesicht ab, fuhr nach Hause und tauschte meine blu-menbunte Sommerhose und das (immerhin) dunkelblaue Schlab-ber-T-Shirt gegen dunkelblaue Hose, weiße Bluse und dunkelblaues Sakko. Vielleicht war es ja nur ein Zufall: Das Unternehmen gehörte zu diesem Zeitpunkt zu Deutschlands führender Airline. Mir fehlte eigentlich nur das gelbe Halstuch. Dabei hatte ich sogar noch Glück, denn Hosen waren erst seit wenigen Monaten für Mitarbeiterinnen erlaubt. Ziehen Sie jetzt bitte keine falschen Schlüsse: Ich bin noch keine 95 und diese Geschichte ist nicht aus den Fünfzigerjahren des letzten Jahrhunderts. Also Lektion 1, die die Pazifistin mir ver-mittelte: Kleide dich angemessen! Das war es dann aber auch erst mal an aktiven Lektionen und es war und blieb auch das Maximum an Konfrontation.

Mein erster Auftrag lautete, für jeden Mitarbeitenden ein Stellen-profil zu erarbeiten. Wie viel Zeit ich dafür hatte? So viel wie ich wollte. Die Situation war eindeutig: Keiner hatte auf mich gewartet, niemand wusste so richtig etwas mit mir anzufangen, ich wurde nicht wirklich gebraucht, also lief ich mit meinem Projekt ›Stellenprofile‹ unter dem Radar. Was für ein Geschenk! Ich schlenderte tatsächlich sechs geschlagene Monate durchs Unternehmen, interviewte sämtliche Mitarbeitenden und schrieb in aller Ruhe und in Eigenregie Stellenprofile. Mit dem Effekt, dass ich innerhalb kürzester Zeit jeden kannte und alle mich kannten. Was sich als unschätzbarer Vorteil erwies. In diesen sechs Monaten ließ mich die Pazifistin arbeitsmäßig zwar total in Ruhe, aber sie war immer ansprechbar und immer für mich da. Ich saß ihr stundenlang an ihrem Schreibtisch gegenüber. Oft am frühen Abend. Wir sprachen über sie, ihr Leben, ihren Werdegang und wir sprachen über mich. An Tagen, an denen es nicht so gut lief, baute sie mich auf mit Sätzen wie »Haben Sie Geduld«, »Versuchen Sie es morgen noch einmal«, »Regen Sie sich nicht auf, das braucht seine Zeit«. Oft hatte sie auch einfach einen humorvollen Kommentar auf Lager, der die Spannung löste.

In Ihrer Abwesenheit, zum Beispiel wegen Urlaubs, war ich mit ihrer Stellvertretung betraut und zu diesem Zweck übertrug sie mir alle Befugnisse. Sie war großzügig, uneitel und arglos. Aber sie hatte auch ihre Grenzen. Das wurde beim Thema Kleidung bereits deutlich. Hier ein weiteres Beispiel dafür: Das Team, also ihre Mitarbeiterinnen, einschließlich mir, forderte über Monate neue PCs. Die alten waren bei der täglichen Arbeit Ärgernis und Hindernis zugleich. Die Pazifistin hörte sich unser wiederholtes Klagen an und versprach auch, sich darum zu kümmern und für neue PCs zu sorgen. In der ihr eigenen Art wartete sie geduldig auf einen aus ihrer Sicht guten Moment, um das Thema bei der Geschäftsführung zu platzieren. Als sich das aber über mehrere Monate hinzog, verloren wir den Glauben an ihre Zusage und probten den Aufstand. Wie? Also das war so: Niemand konnte sich im Nachhinein mehr an den genauen Vorgang erinnern und erst recht an keinen Verantwortlichen. Aber irgendwie hatte sich ein großes Glas Wasser gleich über zwei der kritisierten Compaq Portable III ergossen. Bei denen daraufhin das Lämpchen ausging, im wahrsten Sinne des Wortes. Zugegeben, eine gewagte Nummer und in keinster Weise zur Nachahmung empfohlen. Wenige Tage später gab es dann (endlich) neue PCs und dazu eine klare Ansage der Pazifistin, wie immer sehr ruhig, aber diesmal ganz ohne den Ansatz eines Lächelns in den Augen: Sie verstehe, was da passiert sei. Sie verstehe es wirklich und in jeder Hinsicht (ich glaube, sie meinte tatsächlich das Glas Wasser). Wir sollten aber auch verstehen, dass es so etwas bei ihr unter keinen Umständen ein zweites Mal gebe. Dann setzte sie ihre Arbeit fort, ohne dass jemals wieder ein Wort über diesen Vorfall gesprochen worden wäre. Das war deutlich. Wir hatten verstanden. Einmal war keinmal, zweimal wäre aber definitiv einmal zu viel. In der ihr eigenen Streit meidenden und Frieden haltenden Art operierte sie auch an anderen Stellen. Und manchmal setzte sie ihr Anliegen auf genau diese Art durch. Aber eben nur manchmal.

Im Anschluss an die Stellenprofile wurde ich mit einem neuen Projekt betraut. Ungefähr zeitgleich wechselte der Geschäftsführer. Irgendwann in dieser Zeit begann die Pazifistin den Anschluss zu verlieren und ich fing an, sie, ohne mein Wissen, rechts zu überholen. Selbst als ich plötzlich zu Anlässen hinzugerufen wurde, die eindeutig ihr gebührt hätten, blieb sie wohlwollend und gönnte mir den Erfolg.

Sie hatte ihren Namen nicht zu Unrecht. Die Pazifistin schwor als Führungskraft konsequent jeder Auseinandersetzung im Unternehmen ab. Ließen sich die Dinge nicht auf ihre Art und mit ihren Mitteln lösen, dann verzichtete sie auf ihr Anliegen und zog es zurück. Als Mitarbeitender hatte man manchmal das Gefühl, sie anschieben zu müssen oder gar anstacheln zu wollen. Zu übergeduldig, reserviert und passiv wirkte sie in vielen Situationen.

In meinem auf die Stellenprofile folgenden Projekt ging es um eine weitreichende Reorganisation. Selbst die Konzernspitze schaltete sich ein. Genau genommen die Person, die Monate zuvor entschieden hatte, dass alle mit Personalverantwortung einen akademischen Profifrischling an die Seite gestellt bekommen sollten. Im Zuge dieser Reorganisation sollte das Organigramm mal eben um eine Hierarchieebene reduziert werden. Man nannte diese Ebene ›die goldene Kruste‹, langjährige, verdiente Mitarbeitende, die den Status quo pflegten und damit im Innovationskonzept der Konzernleitung nicht mehr vorgesehen waren. Dass die Pazifistin den Anschluss an die Macht verloren hatte, zeigte sich darin, dass sie nicht an diesem

Projekt beteiligt, sondern davon betroffen war. Sie war Teil der goldenen Kruste und ich als ihre ehemalige Assistentin wusste vor ihr, dass die Schlacht, die sie nie gekämpft hatte, verloren war. Es war tragisch und es war traurig. Und es war konsequent. Die Pazifistin hatte sich eingerichtet, sie forderte weder sich noch andere. Sie verwaltete und pflegte den Status quo. Der kam für ihre Mitarbeitenden einer verräucherten, aber sicheren Höhle gleich. Der Pazifistin fehlte es an der Bereitschaft zum Widerstand, provokativer Kraft und vorwärtsgerichteter Energie. Unternehmen sind kein Biotop. Sie stehen unter permanentem Anpassungsdruck. Für Gemütlichkeit ist wenig Zeit in einer Welt, in der morgen heute schon gestern ist.

Fazit

Die Pazifistin hat alles, was einen großzügigen und selbstlosen Menschen ausmacht. Man sollte sie nicht unterschätzen, dennoch mutet sie an wie ein Delfin, der sich in eine Horde Haie verirrt hat und dort mit Flossenaufschlag Anschluss sucht. Ihr Verhaltensrepertoire ist nicht annähernd so anpassungsfähig wie ihre Kleidung. In ihrem professionellen Wirken bleibt sie daher im wahrsten Sinne des Wortes oberflächlich. Tiefgründigeres Arbeiten würde ein risikoträchtigeres Verhalten verlangen. Zu diesem ist die Pazifistin in persönlichen Beziehungen willens und in der Lage, im Business ist das für sie aber keine Option. Mitarbeitende nehmen die Pazifistin als sympathisch wahr und fühlen sich durch ihr Führungsverhalten gut behandelt. Sie spüren aber auch die eher geringe Durchsetzungskraft und wähnen sich durch die Pazifistin im Gefüge der Macht nicht hinreichend stark vertreten. Ein wenig mit den Säbeln rasseln ist noch keine kriegerische Auseinandersetzung und eine Prise Provokation zieht nicht zwingend Blutvergießen nach sich. Auch Pazifisten dürfen kämpfen.

Typische Verhaltensmuster und Sprachbeispiele

Feedbackverhalten

Die Pazifistin ist (zu) zurückhaltend mit aktivem Feedback. Wenn Sie sie aber darum bitten, bekommen sie eine dezidierte und qualifizierte Rückmeldung, mit der Sie definitiv arbeiten können.

Kommunikationsverhalten

In großer Runde eher ruhig bis still. In kleiner Runde und im 1:1 konzentriert, humorvoll, pointiert. Sie hat eine hohe Selbst- und Fremdreflexion. Sie sollte nur öfter andere, auch ungefragt, an den Ergebnissen teilhaben lassen.

Arbeitsverhalten

Grundsätzlich gut aufgeräumt, aber nicht generalstabsmäßig geplant. Wäre ja auch irgendwie komisch, als Pazifistin. Hin und wieder etwas zerstreut.

Persönliches Verhalten

Die Pazifistin kann beides: sowohl trocken und direkt als auch humorvoll und einfühlsam. Sie ist zugewandt und gesprächsbereit. In der Organisation verhält sie sich ›nach oben‹ unauffällig und defensiv, vor allem wenn es konfliktträchtig wird. Auf gleicher Ebene und gegenüber Mitarbeitenden kann sie aber hartnäckig und eigensinnig sein. Insgesamt ist sie wenig ambitioniert.

Ein typischer Dialog zu einem x-beliebigen Thema

Pazifistin: »Ich nehme das Thema mit ins Wochenmeeting und stelle es dort den anderen Abteilungsleitern vor.«
Mitarbeitende: »Das ist prima. Wenn wir die Zustimmung bekommen, legen wir los.«
Pazifistin: »Oh, mal langsam. Es ist ja noch gar nicht gesagt, dass die anderen das gut finden.«
Mitarbeitende: »Das ist so eine tolle Sache. Sie werden die anderen bestimmt davon überzeugen.«
Pazifistin: »Schauen wir mal. Bis später.«
Nach dem Meeting:
Mitarbeitende: »Und, wie war es?«
Pazifistin: »Wie war was?«
Mitarbeitende: »Was haben die anderen zu dem Thema gesagt?«
Pazifistin: »Oh, wir sind gar nicht dazu gekommen, das zu besprechen. Andere Themen der Kollegen haben die Zeit beansprucht.«
Mitarbeitende: »Und jetzt?«
Pazifistin: »Ich nehme das nächste Woche wieder mit. Vielleicht ist dann Zeit dafür.«

Was könnte die Pazifistin reflektieren?

Wer nichts riskiert, riskiert am Ende alles. Unsichtbar sein ist kein wirksamer Schutz vor Schaden. Macht die Pazifistin sich und ihr Anliegen sichtbar, kann sie aufs Korn genommen werden. Stimmt. Tut sie es aber nicht, dann kann sie von jedem, auch völlig unbeabsichtigt, über den Haufen gefahren werden.

Kämpfen bedeutet nicht Krieg zu führen. Was kann der Pazifistin schlimmstenfalls passieren, wenn sie anderen die Stirn bietet? Ein bisschen mit den Muskeln spielen lässt sie selbst ihre Kraft spüren und alle anderen übrigens auch. Nicht kriegerisch, nur kämpferisch sein. Dann wird aus harmlos effektiv.

Beteiligt oder betroffen sein? Die Pazifistin muss sich fragen, ob sie die Dinge machen will oder ob sie die Dinge mit sich machen lassen will? Fahrersitz oder Rückbank? Lenkrad oder Haltegriff? Führen oder folgen? Sie hat die Wahl. Sie entscheidet.

Tipps an die Mitarbeitenden einer Pazifistin

Die Pazifistin ist auf ihre Art eine sehr lehrreiche Führungskraft. Sie können bei ihr lernen, was menschlich in der Beziehung Führungskraft – Mitarbeitende möglich ist. Dass man sich nämlich in Gegenwart seiner Führungskraft rundum wohl fühlen kann (wenn sie Nichtraucher ist oder Sie Raucher sind ;-)).

Und sie gibt Ihnen Anschauungsunterricht darin, dass Zurückhaltung als zentrale Strategie einer Führungskraft nur bedingt bis gar nicht von Erfolg gekrönt ist. Sie werden von der Pazifistin kein rasantes Management erlernen und nicht von fachlichen Finessen profitieren können. Aber Sie werden eine Gönnerin an Ihrer Seite haben. Wäre die Pazifistin machtorientierter und demzufolge einflussreicher, wäre sie eine großartige Mentorin.

Der Scharfschütze

Die Geschichte

Der Scharfschütze war Führungskraft in einem Tourismusunternehmen. Nicht irgendein Tourismusunternehmen, es handelte sich um die Mutter aller Cluburlaube. Es war das Original. Exklusiv, teuer und ein Stück französische Kultur. So besonders das Flair, so idiosynkratisch das Vokabular. Denn es gibt in diesem Unternehmen keine Gäste und auch keine Mitarbeitenden. Stattdessen gibt es G.M. und G.O. Das G.M. steht für ›gentil membre‹, zu Deutsch ›nettes Mitglied‹, und das G.O. bedeutet ›gentil organisateur‹, zu Deutsch ›netter Organisator‹. Bei so viel Nettigkeit war es auch kein Problem, für Smic zu arbeiten. Smic bedeutet ›salaire minimum interprofessionnel de croissance‹ und steht für das französische Mindestgehalt. Für dieses alles andere als üppige Salaire durfte man in diesem erlauchten Kreis mitarbeiten, sieben Tage die Woche. Sie lesen richtig: Eine Saison dauerte 4-5 Monate und während dieser Zeit gab es keine arbeitsfreien Tage. Anstrengend? Sehr sogar. Aber es lohnte sich. Denn außer Smic bekam man hier völlig gratuit ein nachhaltiges interkulturelles Training und konnte ebenfalls gratuit ein paar Lektionen fürs Leben lernen. Von wem? Natürlich von der Führungskraft. Die hieß übrigens sogar in diesem Unternehmen ›Chef‹, ganz unidiosynkratisch.

Der Chef, um den es hier geht, trägt privat einen der bedeutungsvollsten Familiennamen Europas. Das Adelsgeschlecht dieses Namens stellte sieben französische Könige und Monarchen anderer europäischer Staaten, auch noch in diesen Tagen. Er hatte also einen berühmten Namen und er war schön. Ein wirklich schöner Mann. Warum ich das schreibe? Es tut wenig zur Sache, aber dieses überaus angenehme Äußere passte ins Gesamtbild und komplettierte die Tarnung des Scharfschützen. Was den Scharfschützen noch kennzeichnete, waren seine ebenso angenehme Art, seine ausgesprochene

Höflichkeit und die Tatsache, dass er in jeder Lebenslage die Contenance bewahrte. Bis auf ein einziges Mal. Den allerletzten Moment. Dazu aber später mehr.

Es waren also gute Voraussetzungen für die Zusammenarbeit mit ihm. Wenn, ja wenn nur alle Beteiligten die Spielregeln des Scharfschützen gekannt hätten. Stattdessen gab es Teammitglieder, die in völliger Verkennung der Situation dem Scharfschützen nicht nur die Waffe luden, sondern ihn dann auch noch mit ebendieser in Anschlag brachten. Deshalb war das, was geschehen würde, unausweichlich. Ein großer Knall. Ende. Aus. Kurz und schmerzvoll.

Aber von Anfang an. Das Team des Chefs – ich nenne ihn bewusst noch so, denn als Scharfschütze hat er sich erst im finalen Showdown zu erkennen gegeben – war für das Urlaubsvergnügen und die Sicherheit von insgesamt 400 Kindern und Jugendlichen zuständig. Dem gesammelten Nachwuchs der 1 200 erwachsenen G.M., die einmal im Jahr unbehelligt von ihrer Brut Urlaub machen wollten. Folgerichtig hieß die Abteilung ›Mini Club‹, die Mitarbeitenden ›G.O. Mini Club‹ und der Chef ›Chef de Mini Club‹. Die Verhältnisse waren klar. Und auch das Ziel aller Arbeit war so klar wie in kaum einem anderen Unternehmen: Am Ende ihres Urlaubs konnten die G.M. (= Gäste) Feedback geben und ihren Aufenthalt bewerten. Dieses Formular wurde tatsächlich von über 90 % der G.M. ausgefüllt und ging direkt in die Unternehmenszentrale nach Paris. Paris wertete diese wöchentlich mehr als 50 000 Feedbacks der weltweit rund 100 Urlaubsdomizile gewissenhaft aus. Eigentlich ist ›Feedback‹ in diesem Zusammenhang ein Euphemismus, es war viel eher ein Zeugnis, das jeder G.O. und jeder Chef in jeder Woche von jedem G.M. ausgestellt bekam und das richtungsweisend für den Stellenwert als Mitarbeitender und die gesamte Entwicklung im Unternehmen war. Schlechtes Feedback hatte Konsequenzen. Die Konsequenz während der Saison bei wiederholt negativem Feedback? Die sogenannte Charterisierung (noch eine spezifische Vokabel). Das heißt Koffer packen, Taxi, Flughafen und tschüss. Die Konsequenz nach der Saison für ein insgesamt unterdurchschnittliches Feedback? Kein Anschlussvertrag, nirgendwo im Konzern und nie wieder. So weit zur Nettigkeit. Die ist nämlich keine landläufig nette Nettigkeit. Sondern eine hochprofessionelle

Null-Toleranz-rund-um-die-Uhr-Nettikette. Sehr erbarmungslos und maximal lehrreich. Genau wie der Scharfschütze!

In den ersten Wochen befand sich das neuformierte Team in der Vorsaison, das heißt, die Ferienanlage wurde aus ihrem Winterschlaf geweckt. Es mussten Konzepte und Programme für den Mini Club und die verschiedenen Altersgruppen entwickelt werden. Ein Herzstück des Unternehmens waren außerdem die obligatorischen Abendshows, über die einmal in einer bekannten deutschen Zeitung zu lesen war, dass sie jedes Abendprogramm im deutschen TV bereichern würden. Insgesamt vierzehn Shows mussten konzipiert und eingeübt werden.

Der Chef des Mini Clubs führte sein Team sehr freundlich, immer mit einem Lächeln auf den Lippen. Er war ein zurückhaltender und leiser Typ. Ihn umgab eine Aura von Verbindlichkeit und der bereits erwähnten Contenance. Die behielt er natürlich auch, als die Saison am Tag X startete, dutzende Flugzeuge herandonnerten und binnen Stunden über tausend Gäste die Anlage bevölkerten. Aus einem verschlafenen Stück Landschaft mit Rondavels, einem Amphitheater, gelegen in einer weißsandigen Bucht mit Blick auf das endlose Meer, wurde über Nacht eine flirrende Ferienanlage mit hunderten von erholungs- und erlebnissüchtigen Menschen.

Und es lief. Gut vorbereitet und gut eingestimmt durch den Chef und erfahrene G.O., hielt das Team dem Ansturm stand. Über die Wochen stellte sich eine angenehme Routine ein, die es erlaubte, sich auf die G.M. zu konzentrieren und keine unnötige Energie durch unklare Abläufe oder Unstimmigkeiten zu verlieren. Es gab tägliche Meetings, in denen Operatives besprochen wurde und Fragen geklärt wurden. Ansonsten ließ der Chef de Mini Club seine G.O. gewähren. Er selbst war nicht ins Tagesgeschäft eingebunden. Drehte seine Runden durch die Anlage oder war auch schon mal eine Weile (n)irgendwo. Egal, es wusste ja jeder, was er zu tun hatte. Die Feedbacks waren exzellent. Jede Woche wurden die Ergebnisse in voller Runde verlesen und ebenso das weltweite Ranking veröffentlicht: Die gesamte Anlage (›Village‹) und jede Abteilung (zum Beispiel der Mini Club) sahen sich im Vergleich mit den insgesamt über hundert anderen Villages. Das war Echtzeit-Feedback. Und alles andere als ein

Spaß. Außer für den Chef de Mini Club, denn wo auch immer das Village im wöchentlichen Ranking rangierte, sein Mini Club war immer top platziert. Bei all seiner Zurückhaltung und Bescheidenheit, er war der unbestrittene Held und ein großer Hoffnungsträger. Es war klar, seine Rolle als ›Chef de Mini Club‹ war nur eine Durchgangsstation zum ›Chef de Village‹, dem höchsten Amt in der Clubwelt.

Nach einigen Wochen entwickelten sich zwischen den Teammitgliedern des Mini Clubs erste Differenzen. Es ging um gefühlte Ungerechtigkeiten bei der Gruppen- und Schichtzuweisung und persönliche Unstimmigkeiten zwischen einigen Teammitgliedern. Diese wuchsen sich zu nicht mehr ignorierbaren Kontroversen aus.

Der Chef irritierte zuerst dadurch, dass er die im Team aufkommenden Debatten und Auseinandersetzungen unkommentiert ließ. Auf Nachfrage ließ er sich widerstrebend zu dem Hinweis bewegen, das Team solle sich auf die Arbeit konzentrieren und seine Differenzen beilegen. Damit war leider weder der Sache noch den Teammitgliedern geholfen. Durch sein Nichtführen billigte er eine als ungerecht empfundene Arbeitsaufteilung, ließ Lagerbildung zu und tat offenbar nichts für den Zusammenhalt. Nichts außer weiter freundlich zu scheinen und nach außen Haltung zu bewahren. Er lächelte noch, als es nichts mehr zu lächeln gab. Das Maximalmaß an Eskalation bei ihm war erreicht, wenn sein Lächeln gefror. Mehr passierte nicht. Es entstand ein Führungsvakuum.

Trotz Gesprächen und der expliziten Bitte der Teammitglieder um Eingreifen und Handeln tat er weiterhin nichts. Er tauchte zunehmend ab. Wurde im Alltag unsichtbar. Das sich vergrößernde Führungsvakuum füllte das Team auf seine Art: Es zerfiel in Gefolgschaft, Neutrale und Abtrünnige.

Es herrschte Anarchie: Die Abtrünnigen formierten sich und machten keinen Hehl aus ihrer Verachtung. Sie paktierten unverhohlen mit dem Intimfeind des Scharfschützen, dem Chef d'Animation, der sich so sehr vom Scharfschützen unterschied wie ein Scharfschützengewehr von einer abgesägten Schrotflinte. Er war laut, ordinär, aggressiv.

Der Scharfschütze nahm das despektierliche Verhalten der Abtrünnigen hin. Erst viel später wurde klar, dass er es exakt so lange hinnahm, wie er diejenigen brauchte, die sie anführten. Denn sie hatten Schlüsselqualifikationen, die er kühl kalkulierend sicherte. Eine war zum Beispiel die einzige deutschsprachige G.O. Deutsch war in diesem Village eine zugesagte Betreuungssprache. Ohne Deutsch drohte negatives Feedback, zumindest vonseiten der deutschen Gäste. Eine andere war die Tochter eines prominenten Vaters. Zudem bekamen auch die Abtrünnigen Woche für Woche für die Betreuung der Kids Bestnoten und hatten so maßgeblich Anteil am Spitzenplatz des Mini Clubs im weltweiten Ranking. So war er, der Scharfschütze: ein kühler Kopf. Ein Muster an Selbstbeherrschung, Fassung und Contenance.

Er war überaus geduldig, ließ sich durch keine Provokation hinreißen. Er blieb in Deckung und wartete auf den richtigen Zeitpunkt. So konnte er sicher sein, dass das Überraschungsmoment auf seiner Seite war. Und das war es. Beileibe.

Zum Ende der Saison ereignete sich ein tragischer Unfall. Ein Kleinkind ertrank im seichten Wasser, in unmittelbarer Nähe des Strandes. Einige Tage war unklar, in wessen Obhut es sich befunden hatte und ob der Mini Club eine Mitverantwortung trug. Das konnte ausgeschlossen werden. Aber es blieb ein furchtbares und erschütterndes Ereignis.

Unabhängig von diesem Unfall schloss der Mini Club planmäßig zwei Wochen früher als der Rest der Anlage. Diese letzten zwei Wochen war der Club den Erwachsenen als Urlaubsdomizil vorbehalten. Die Abtrünnigen hatten entschieden, bis zum Ende der Saison zu bleiben, und freuten sich auf zwei Wochen ›richtigen‹ Urlaub. Für Kost und Logis hatten sie mit dem Chef der Segelschule abgesprochen, ihm bei der Betreuung der Segelschüler und -schülerinnen zu helfen.

Am Abend des vermeintlich letzten Arbeitstages und damit zum Beginn der Après-Saison feierten die Abtrünnigen gerade ausgelassen an der Bar, als sich gegen 22 Uhr der Scharfschütze dazugesellte. Das war extrem außergewöhnlich, hatte man doch die vergangenen zwei Monate kein Wort mehr miteinander gewechselt und sich zumindest aufseiten der Abtrünnigen auf abfällige Blicke beschränkt. Der Scharfschütze lehnte sich an eine Balustrade, wirkte entspannt und lächelte sein immer gleiches, freundliches, zurückhaltendes Lächeln. Er fragte die Abtrünnigen, was sie denn so ausgiebig feierten. Sie sagten ihm unumwunden, sie freuten sich, dass das Thema Mini Club vorbei sei. Endlich. Und stattdessen zwei tolle Wochen Sonne, Strand und ein bisschen Segelschule auf sie warteten. Er schaute sie an, ganz entspannt, und entgegnete dann, dass das Flugzeug am nächsten Tag früh um 6 Uhr gehe. Immer noch abfeiernd und partytrunken dachten die Abtrünnigen, er habe sie nicht verstanden, und erklärten ihm, dass sie noch bleiben würden. Er wiederholte nur lakonisch: »Euer Flugzeug geht morgen um 6 Uhr.« Es war klar, er hatte gar nichts missverstanden. Er meinte es ernst. Die Abtrünnigen hatten ihn missverstanden. Bevor noch jemand mehr als »Das kannst du nicht machen« sagen konnte, wiederholte er: »Morgen um 6 Uhr fliegt ihr.« Als einer der Abtrünnigen fragte: »Aber warum? Warum machst du das?«, wurde für einen Moment die Demütigung im Gesicht des Scharfschützen ahnbar, die ihm durch die Abtrünnigen über Wochen oder gar Monate widerfahren war. Und vielleicht war es dieses schmerzhafte Gefühl, das ihn einen Moment seine Contenance verlieren und sagen ließ: »Ich will keinen zweiten Unfall!« Auf die Frage »Willst du damit sagen, dass wir etwas mit dem Unfall zu tun haben?«, entgegnete er ungerührt: »Ich will keinen zweiten Unfall.« Er machte die Abtrünnigen für den Tod des Kindes verantwortlich, für das nachweislich weder diese noch er verantwortlich waren. Aber es war das Schlimmste und Furchtbarste, das hätte passieren können, und er nahm es und richtete es gegen die Abtrünnigen. Es war eine erbärmliche Begründung für sein Tun. Aber traf es die Falschen? Wer vorher kein Erbarmen zeigt, kann nachher keines erwarten. Die Charterisierung war der erste Schuss, die Begründung der zweite. Leise, wie mit Schalldämpfer, und absolut präzise getroffen in Kopf und Herz.

Die in der nächsten Stunde folgenden panischen Rückfragen der Abtrünnigen beim Chef vom Segeln und auch beim Chef de Village machten klar, dass der Scharfschütze seinen Job gemacht hatte. Alle wussten Bescheid. Nicht seit Langem, erst seit diesem Abend. Und der Chef de Village gab die vielleicht ehrlichste und schonungsloseste Rückmeldung. Auf die Bitte der Abtrünnigen, er solle entscheiden, dass sie bleiben könnten, denn es sei doch offensichtlich, dass der Scharfschütze sie gerade aus persönlichen Motiven abschieße, sagte er:»Ja, das ist offensichtlich. Aber er ist der mit den besten Feedbacks. Ich will ihn nächste Saison als Chef de Mini Club und ich riskiere nicht seine Zusage, indem ich mich gegen ihn stelle – nicht für euch.« Dass die Abtrünnigen auch seine eigenen Kinder das letzte halbe Jahr täglich betreut hatten, war leider auch kein stichhaltiges Argument.

Um 6 Uhr saß eine kleine Gruppe Abtrünniger, die glaubte, dem Scharfschützen trotzen zu können, in einem Flugzeug nach Paris. Nachdrücklich eines Besseren belehrt. Das dicke Ende kam aber noch: In der Zentrale wurde den Abtrünnigen bekannt gemacht, dass der Scharfschütze bereits die persönlichen Bewertungen eingereicht habe und diese leider keine Weiterbeschäftigung ermöglichten. Man riet den Abtrünnigen noch zwei schöne Tage in Paris zu genießen und dann neue Zukunftspläne zu machen. Sie waren clubtot. Er hatte ganze Arbeit geleistet. Leise, unaufgeregt, gründlich und wahrscheinlich wieder lächelnd.

Fazit

Der Scharfschütze macht seine Hausaufgaben. Er ist vorbereitet. Behält einen kühlen Kopf. Hat absolute Impulskontrolle. Er braucht nur einen Schuss. Der sitzt. Er ist erbarmungslos. Es ist aber nicht so, als hätten die Mitarbeitenden keine Wahl. Man sollte sich nur nicht zum Ziel machen und ins Fadenkreuz stellen. Der Scharfschütze hat klare Vorstellungen von gutem Miteinander, Loyalität und Erfolg. Er kommuniziert seine Vorstellungen allerdings selbst bei absoluter Stille kaum hörbar. Seine Ansagen sind eher ein Flüstern und je lauter die Umweltgeräusche und die eigene innere Stimme werden, desto weniger hört man ihn. Die Mitarbeitenden laufen Gefahr, den Scharfschützen nicht mehr als ihre Führungskraft wahrzunehmen, sich von ihm loszusagen und ihn aus den Augen zu verlieren. Wenn dies geschieht, legt sich der Scharfschütze auf die Lauer und wartet auf den geeigneten Moment, den Mitarbeitenden die fehlende Loyalität zu quittieren. Dann ist es zu spät. Für die Mitarbeitenden.

Typische Verhaltensmuster und Sprachbeispiele

Feedbackverhalten

Der Scharfschütze praktiziert zwei Arten des Feedbacks. Feedback Nr. 1: indirekt, unterschwellig, leise. Feedback Nr. 2: direkt, final, peng.

Kommunikationsverhalten

Der Scharfschütze kommuniziert stark nonverbal. Er ist nicht der Mensch der großen und vielen Worte. Er ist introvertiert und ruhig. Er mag das vertrauensvolle, blinde Verstehen.

Arbeitsverhalten

Der Scharfschütze beobachtet in erster Linie. Für ihn zählt das Ergebnis. Er interessiert sich, aber interveniert nicht. Er beansprucht Raum und Freiheiten für sich und lässt auch anderen Raum. Selbst dann, wenn die um Führung bitten.

Persönliches Verhalten

Sein Verhalten ist undurchsichtig. Vordergründig immer freundlich, latent immer gefährlich. Es bleibt die Frage, ob der Scharfschütze am Ende sich selbst oder die anderen täuscht. Sitzt er wie der vielzitierte Frosch im Wasserglas und merkt nicht, wie sich die Temperatur erhöht und ihn zum Explodieren bringt? Geschieht es mit ihm oder ist er etwa doch Herr des Prozesses und entscheidet sich bewusst, lange nichts zu tun und dann zu gegebener Zeit abzudrücken? Man weiß es nicht.

Ein typischer Dialog zu einem x-beliebigen Thema

Der Mitarbeiter:»Wir haben Probleme bei der Erstellung des Dienstplanes.«
Der Scharfschütze:»Ach ja (lächelnd).«
Der Mitarbeiter:»Ja, es sind leider immer die Gleichen, die nicht mitziehen, wenn es um Wochenendeinsatz oder Überstunden geht.«
Der Scharfschütze:»Wer ist das denn?«
Der Mitarbeiter:»Besonders Herr X und Frau Y.«
Der Scharfschütze:»Aber es läuft? Sie bekommen das hin?«
Der Mitarbeiter:»Ja. Nein. Es machen dann eben wieder die Gleichen das Wochenende und die anderen drücken sich.«
Der Scharfschütze:»Ja, gut.«
Der Mitarbeitende:»Eigentlich nicht, aber okay.«
Sechs Monate später:
Herr X:»Ich interessiere mich für die Beförderung zum Teamleiter.«
Der Scharfschütze:»Und ich mich für Ihre Kündigung.«
Herr X:»Was? Wie bitte?«
Der Scharfschütze:»Sie haben doch gehört. Ich möchte, dass Sie kündigen.«
Anmerkung: Wir wissen nicht, was in den sechs Monaten geschehen ist. Vielleicht hat das Ende des Gespräches etwas mit den Dienstplänen vom Anfang zu tun. Vielleicht auch nicht. Das ist das Typische für den Scharfschützen: Es erschließt sich zumindest nicht sofort, woher der Schuss kam.

Was könnte der Scharfschütze reflektieren?

Grenzen ziehen und Stopp sagen. Es ist nicht der Job der Mitarbeitenden, durch die Hirnwindungen des Scharfschützen zu kriechen oder den Körpersprache-Code des Scharfschützen zu dechiffrieren, um eine Ahnung davon zu bekommen, was für ihn okay ist und was nicht. Der Scharfschütze schuldet seinen Mitarbeitenden eindeutige Hinweise, bevor er sie bei unbewussten und vielleicht sogar ungewollten Übertretungen kaltstellt.

Visier hochklappen und Gesicht zeigen. Blindes Verstehen muss erarbeitet und erlernt werden. Der Scharfschütze sollte unmissverständlich sagen, was er will. Er sollte sich und seine Meinung zeigen. Er sollte seinen Leuten die Chance geben, ihm nicht nur zufällig gerecht zu werden, sondern willentlich und entschieden.

Infight statt Unnahbarkeit. Führen wollen, ohne Nähe zuzulassen, ist wie Schießen ohne Patrone: wirkungslos! Führen ist Infight. Manchmal Stirn an Stirn, manchmal Schulter an Schulter. Auf jeden Fall immer nah dran, um zielgerichtet Wirkung zu erzeugen.

Ein Team ist mehr als die Summe seiner Mitglieder. Aber nur, wenn der Scharfschütze seinen Job macht. Die Zauberzutat heißt Kohäsion. Der Scharfschütze sollte Bindungskräfte entfalten und für Zusammenhalt sorgen, dann bekommt er ein Team. Ansonsten leider nur eine Summe von Mitarbeitenden.

Tipps an die Mitarbeitenden eines Scharfschützen

Der Scharfschütze ist nicht hauptberuflich Scharfschütze. Er wird zum Scharfschützen in Ermangelung anderer Führungs- und Bewältigungsstrategien. Eigentlich ist er nett, solange Sie ihn nicht auf seine Nettigkeit reduzieren und ihn deswegen als schwach erachten. Er hat eklatante Schwächen, aber er ist nicht schwach. Im Gegenteil!

Füllen Sie das beim Scharfschützen durch seine Zurückhaltung und Tarnung entstehende Führungsvakuum, indem Sie an ihm dranbleiben. Pflegen Sie das Gespräch mit ihm, stellen Sie Kontakt und Austausch sicher. Fragen Sie nach, bringen Sie seine Werte und anderes Wichtige in Erfahrung. Der Scharfschütze ist Ihre

Chance, eine nachhaltige Lektion in Loyalität zu lernen. Er ruft Ihnen Henry Fords *Love it, change it or leave it* ins Bewusstsein. Ach was, er tätowiert es auf Ihre Hirnrinde.

Der Geläuterte

Die Geschichte

Die Geschichte vom ›Geläuterten‹ schildert das Wirken einer Führungskraft in zwei Akten. Der erste Akt beschreibt sechzehn Jahre als geschäftsführender Direktor in der Luxushotellerie, als Autokrat. Der zweite Akt die darauffolgenden vier Jahre, ebenfalls als geschäftsführender Direktor, ebenfalls in der Luxushotellerie, als Primus inter Pares. Derselbe Mensch in derselben beruflichen Position, aber mit einem völlig anderen Führungsverhalten. Und daher einer diametral anderen Wirkung auf jeden und alles. Der Geläuterte ist ein Beispiel dafür, dass Entwicklung funktioniert. Das gibt Hoffnung und macht Mut.

Dem Geläuterten eilte ein Ruf voraus. Das war vor seiner Läuterung so und auch danach. Im Grunde genommen ist er sich immer treu geblieben, er hat einfach nur dazugelernt, wurde mutig und gewann Vertrauen. Er wurde zu nichts, was er nicht schon immer gewesen wäre. Im ersten Akt behielt er nur vieles davon ausschließlich seiner Familie vor, zum Beispiel Humor und Nähe. Erst im zweiten Akt erlaubte er sich, einiges davon ebenso in seiner Rolle als geschäftsführender Direktor zu leben. Das half ihm, bei sich und seinen Mitarbeitenden anzukommen. Er hat sich zur besten Version seiner selbst entwickelt, indem er sich seine Stärken erlaubte, die seine Schwächen tilgten. Der Geläuterte wurde vom autokratischen, eher mürrischen Kontrollfreak zum humorvollen, vertrauenden Primus inter Pares. Aus Distanz wurde Nähe. Er gewann eine Glaubwürdigkeit und Autorität, die ihresgleichen sucht.

Erster Akt:

In dieser Zeit agierte der Geläuterte noch als autokratischer Kontrollfreak, weshalb ich ihn im ersten Akt so nennen werde. Der Autokrat war morgens der Erste und abends der Letzte, wobei es eigentlich kein Morgens und Abends für ihn gab, denn er wohnte mitsamt seiner Familie im Unternehmen. Er war also rund um die Uhr da und konnte auch zu jeder Tages- und Nachtzeit wie aus dem Nichts auftauchen. Niemand war jemals sicher vor ihm, denn sobald er erschien, machte er eine Ansage, der unverzüglich Folge zu leisten war. Er war getrieben von dem Gedanken, dass andere etwas vergessen oder nicht so machen könnten, wie er es sich vorstellte. Der Kontrollfreak machte sich zum Beispiel auf den Weg durch die kilometerlangen Flure des Unternehmens, um die Glühbirnen zu kontrollieren. Ja, die Glühbirnen. Sein Tick, besser gesagt einer seiner Ticks, waren ausgebrannte Glühbirnen. Entdeckte er eine, musste die stante pede ausgewechselt werden. Wenn die Technikerin gerade einen Rohrbruch behob? Egal, Glühbirne auswechseln. Ein anderes Objekt, das seine besondere Aufmerksamkeit genoss, war Spargel. Der Kontrollfreak war sich in keinster Weise zu schade, in einem Meeting darauf hinzuweisen, dass der Spargel doch bitte so und so und auf keinen Fall anders geschält werden solle. Was diese Situation so absurd machte, war die Tatsache, dass in diesem Meeting vierzehn hochkarätige Führungskräfte an einer rechteckigen Tafel saßen (›Tisch‹ wäre zu verharmlosend). Der Kontrollfreak saß natürlich an einem Kopfende, der Küchenchef ihm gegenüber sechs Meter entfernt am anderen Ende. Wissen muss man dazu, dass dies die beiden mächtigsten Positionen in der klassischen Hotellerie sind – und die beiden bestbezahlten dazu. Dass der Kontrollfreak dem Küchenchef erklären wollte, wie dieser seinen Spargel schälen lassen solle, ist ungefähr so, als würde die Kundin dem Friseur sagen, wie er seine Schere zu halten habe. Der Rest der teuer bezahlten Menschen an der Tafel schwieg. Wie immer. Ein Ergebnis der sechzehnjährigen Führung durch den autokratischen Kontrollfreak war das große Schweigen. Jederzeit und allerorts. Selbsterklärend, dass der AKF (autokratischer Kontrollfreak) alle Auszubildenden persönlich interviewte und einstellte. Warum sollte man auch dem eigenen Nachwuchs weniger Aufmerksamkeit schenken als dem Spargel? Das wäre doch völlig unlogisch. Warum es eine Personalleiterin gab? Gute Frage! Natürlich war sein Schreibtisch auch der Eingangsbriefkasten. Genau genommen war es der Schreibtisch seiner Sekretärin. Die öffnete aber lediglich die Post, sortierte sie in diese großen schwarzen Unterschriftsmappen, durch die sich dann der AKF fräste. Das heißt, jede Rechnung, jeder Brief, jede Postkarte, jede Werbung, einfach alles ging über seinen Tisch, und das jeden Tag. Er versah jedes Poststück, zu dem er Rede- oder anderweitigen Bedarf hatte, mit einem großen grünen »R!«. Selbstredend, dass niemand, wirklich niemand in diesem Haus es gewagt hätte, einen grünen Stift zu benutzen. Grün war tabu, weil Siegelfarbe des AKF. Im Anschluss nahm die Sekretärin die bearbeitete Post wieder aus den großen schwarzen Mappen und verteilte sie über die Hauspost an die eigentlichen Adressatinnen und Adressaten. Diese machten sich dann, soweit sie ein mit grünem »R!« markiertes Dokument vorfanden, auf den Weg zur Rücksprache mit dem AKF. Was immer der AKF in dieser Rücksprache anmerkte, es wurde gemacht, und zwar sofort. Insofern war eine Rücksprache eigentlich ein Fragen-beantworten-und-Befehl-erhalten-Treffen. Zu dieser Zeit prägte der AKF eine Atmosphäre aus (Ehr-)Furcht, Devotion und Schweigen. Das Haus galt zwar als etwas in die Jahre gekommen und in wirtschaftlich schwieriger Lage, aber dank dem AKF als sehr gut geführt.

Der Ruf des AKF war einwandfrei und er empfahl sich für höhere Weihen. Folgerichtig berief ihn die Konzernleitung zum geschäftsführenden Direktor eines neuen Hotels, des Flaggschiffs des Konzerns. Der AKF wurde standesgemäß, aber nicht überschwänglich verabschiedet. Manch einer atmete auch nach vielen Jahren wieder einmal tief durch.

Bevor der AKF das Haus verließ, fragte er eine Nachwuchsführungskraft, ob sie ihn nicht begleiten wolle, und bot ihr eine Stelle an neuer Wirkungsstätte an. Diese Nachwuchsführungskraft war ich. Aufgrund der während der Zusammenarbeit mit ihm bereits gesammelten Erfahrungen war das eigentlich keine Option für mich. Allein das Projekt ›Flaggschiff‹ und die Aussicht auf einen signifikanten Karrieresprung ließen mich zögern. In einem Vieraugengespräch mit dem AKF hörte ich mir sein Angebot an. Es war gut. Inspiriert von vielen einschlägigen Spielfilmen, schaute ich dem AKF in die Augen und sagte: »Unter einer Bedingung.« Der AKF hob die Brauen, als wolle er sagen: »Sie stellen Bedingungen? Das fängt ja gut an«, entgegnete aber: »Sprechen Sie.« Und ich sagte: »Ich komme mit – unter der Bedingung, dass Sie mich machen lassen, wofür Sie mich einstellen. Wenn ich etwas tue, das Ihnen nicht gefällt, möchte ich, dass Sie mich fragen, warum ich es tue. Sollten die Ergebnisse gegen mich sprechen, dann können Sie mich stoppen. Aber erst dann. Ich werde nichts tun, ohne Sie zu informieren, aber ich möchte Sie in meinem Zuständigkeitsbereich nicht um Erlaubnis fragen. Sie werden mich machen lassen und das aushalten müssen. Schaffen Sie das?« Er schwieg. Das Gehörte überraschte und bewegte ihn sichtlich. Dann sagte er:»Einverstanden.« Ich fragte:»Versprochen?« Er sagte:»Versprochen.« Und wir gaben uns die Hand.

In den nächsten fünf Jahren gab es genau zwei Situationen, in denen ich den Geläuterten an sein Versprechen erinnern musste. Und jedes dieser beiden Male brauchte ich den Satz nicht einmal zu Ende zu sprechen. Denn er war ein Mann von Ehre. Das war er auch schon in diesem ersten Akt, aber leider als Führungskraft noch eher eine Raupe. Als umso spektakulärer erwies sich der zweite Akt, in dem er sich als Geläuterter entpuppte.

Zweiter Akt:

Am Anfang sah es nicht nach einer Läuterung aus, eher nach einer Fortsetzung. Gewöhnt an seine Post sortierende Sekretärin, hatte der geschäftsführende Direktor die ersten beiden Nachfolgerinnen bereits vor Ablauf von neun Monaten verschlissen, die dritte verabschiedete sich ebenfalls kurz nach Antritt – in die Elternzeit. Zu den Bewerberinnen für die Nachbesetzung zählte eine offensichtlich sehr gut qualifizierte Frau in den Fünfzigern. Der noch nicht Geläuterte sortierte die Bewerbung mit den Worten aus:»Die Dame kommt nicht infrage, in diesem Alter lässt sich niemand mehr prägen.« Genau. Vielleicht könnte umgekehrt ein Schuh draus werden: Die Chefsekretärin prägt mit ihrer Kompetenz den Arbeitsalltag des Chefs und am Ende vielleicht sogar ihn selbst? Das überstieg damals aber die Vorstellungskraft des noch nicht Geläuterten. Er befand sich noch in der Häutung. Auf das Bewerbungsgespräch ließ er sich allerdings ein, notgedrungen und nur dem Argument folgend, dass man nicht alle sechs Monate jemand Neues suchen könne und er es deshalb vielleicht einmal anders angehen müsse. Und das tat er. Und zwar gründlich. Die beiden wurden zum Dreamteam und sein Vorzimmer zu einem Ort der Verlässlichkeit, Entspannung und Wärme. Irgendwann merkte der Geläuterte einmal kopfschüttelnd und lachend an, wie engstirnig doch ehemals seine Vorstellungen gewesen seien – von den Menschen und dem, wie die Dinge zu sein hätten.

Er kontrollierte weiterhin die Glühbirnen, ging zu einem derart frühen Zeitpunkt zum Friseur, dass man den neuen Haarschnitt noch nicht wahrnehmen konnte (täglich?), schwamm jeden Morgen um Punkt 6 Uhr 30 im Schwimmbad des Hotels, in dem er natürlich auch wieder wohnte. Alles andere veränderte sich!

Wie bereits in Akt eins kannte der Geläuterte sämtliche Mitarbeitenden beim Namen und er wusste dank der Dame in seinem Vorzimmer an jedem Tag, wer Geburtstag hatte. Was er damit machte? Nichts! Er lief täglich seine Runde(n) durchs Haus, begegnete dabei zwangsläufig jedem, der außer ihm noch da war, und versäumte es vor lauter Konzentration auf Glühbirnen & Co., den Menschen ins Gesicht zu schauen. Was ihm übrigens bei Gästen niemals passierte. Umso schmerzhafter für die Mitarbeitenden. Die mitgezogene Nachwuchsführungskraft, die mit dem Ehrenwort als Pfand, erläuterte ihm, dass es für Mitarbeitende durchaus einen Unterschied mache, ob der Chef des Hauses sie grüße oder nicht. Das schien ihm neu. Alle Namen und sämtliche Geburtstage zu kennen, aber nichts damit zu machen, sei doch irgendwie schade. Das fand er gar nicht. Für ihn persönlich war es von Bedeutung, alles zu wissen, eben auch die Ehrentage der Mitarbeitenden. Der Wirkung, die es haben könnte, wenn er dieses Wissen nutzte, war er sich in keinster Weise bewusst. Ich sagte ihm, dass alle Motivationsprogramme der Personalabteilung nicht einen Bruchteil dessen bewirkten, was ein verlässliches »Guten Tag, Frau …« oder ein »Hallo Herr …« und ein »Herzlichen Glückwunsch zum Geburtstag« von ihm vermöchten. Er verstand es zu diesem Zeitpunkt noch nicht, begann aber, meinem Rat zu folgen.

Impulse zum Thema Kommunikation bekam der Geläuterte unter anderem auch von einer hochengagierten Führungskraft, dem Bankettleiter. Dieser kommunizierte unkonventionell, was insbesondere in seinen E-Mails deutlich wurde. Anfangs fragte mich der Geläuterte nahezu entgeistert, ob ich diese Art zu schreiben nicht auch etwas befremdlich, weil merkwürdig übertrieben, fände. Ja, die Kommunikation des Bankettleiters war außergewöhnlich. Er schrieb, wie er sprach – unverstellt, floskelfrei, humorvoll, warmherzig, motivierend. Seine E-Mails lächelten, manchmal weinten sie auch. Er traute sich etwas, vor allem Nähe, womit er dem Geläuterten zum Vorbild gereichte.

Es schien, als könne sich der Geläuterte diesen neuen Einflüssen nicht entziehen und als fielen sie zudem auf fruchtbaren Boden. Der Geläuterte öffnete sich, zwar vorsichtig, aber neugierig. Es war, als würde er eine neue Sprache lernen, er paukte quasi die Vokabeln, wirkte dabei manchmal angestrengt und noch ein wenig ungelenk. Aber er veränderte sich merklich. Die Verwunderung war anfangs groß, und zwar für alle. Er lief durch die Flure, schaute die Mitarbeitenden an, grüßte und gratulierte, wo es etwas zu gratulieren gab. Aber auch in den Besprechungen änderte sich sein Verhalten. Er hörte zu, ließ sich auf Neues ein, wagte Experimente. Und es war, als hätte plötzlich jemand im Raum das Licht angemacht. Der Geläuterte sah sich umgeben von fähigen und willigen Menschen, weil er genau das zuließ. Die Mitarbeitenden durften, was sie konnten. Und er war bereit, sich überraschen zu lassen. Die Raupe war geschlüpft.

Natürlich sah er immer noch jede ausgebrannte Glühbirne. Und er hatte das Wort ›nein‹ nicht aus seinem Sprachschatz getilgt. Es war eben kein Entweder-oder, sondern ein Sowohl-als-auch. Der Geläuterte machte dieses Unternehmen zu einem Lebensort für die Mitarbeitenden. Und nicht nur für diese. Auch die Ehefrau des Ministerpräsidenten holte sich hier eines Tages spontan und persönlich ein magenschonendes Süppchen für den kurzfristig unpässlichen Landesvater.

So, wie er jeden Namen kannte, zählte jede persönliche Geschichte. In der Konsequenz gab es außergewöhnliche Entwicklungs- und Karrierewege. Ein Trainee zum Beispiel verantwortete die Neukonzeption der Hotelbar vom plüschig-schläfrigen Schlummertrunk-Eck nur für Gäste zum Hotspot für die ganze Stadt (›Coyote Ugly‹ lässt grüßen). Die über zweihundert Mitarbeitenden wählten monatlich jemanden aus ihren Reihen, dem man ihrer Meinung nach einmal Danke sagen sollte. Dieser hatte dann einen Wunsch frei – und zwar egal welchen. Eine Mitarbeiterin wünschte sich ein

Wochenende in London. Also bekam sie ein Wochenende in der britischen Hauptstadt. Das Besondere daran? Der Geläuterte hatte sich entschieden, dass es keine Einschränkungen für diesen Wunsch gab, kein Maximalbudget oder Ähnliches. Der Mitarbeiter sollte wirklich wünschen können. Der Geläuterte vertraute darauf, dass dieses Team über gemeinsame Werte so verbunden und zudem in Kenntnis der Finanzen war, dass es niemanden geben würde, mit dessen Wunsch man nicht umgehen könnte. Und genau so war es. You get, what you expect. Neben dem Wochenende in London gab es eine Mitarbeiterin, deren größter Wunsch es war, einmal mit ihrer Familie dort Gast zu sein, wo sie arbeitet. Den Kolleginnen und Kollegen war es eine Freude, sie und ihre Familie für einen Tag und eine Nacht zu verwöhnen, im VIP-Status, versteht sich. Es war eine Zeit der Erfolge und des Erfolgefeierns.

Als der Geläuterte das Unternehmen verließ, tat er das, weil er viele Jahre zuvor ein Versprechen gegeben hatte. Seiner Frau. Er hatte ihr versprochen, zu gegebener Zeit den ihr gehörenden Familienbetrieb weiterzuführen. Dieser Zeitpunkt war überraschend, aber unaufschiebbar gekommen. Er hielt Wort, wie er das immer tat. Versprochen ist versprochen.

Seine Verabschiedung war der Spiegel seiner Läuterung. Er verließ abermals ein gut geführtes Haus. Diesmal eines, das auch finanziell einträglich war und in dem bei seinem Abschied niemand aufatmete, aber mancher eine Träne vergoss. Und er verließ ein Unternehmen, in dem Menschen geübt darin waren, Wünsche zu erkennen, anderen eine Freude zu bereiten und gemeinsam zu feiern. Was ihnen nicht nur untereinander zugutekam, sondern die Schlüsselqualifikation in einem Dienstleistungsunternehmen ist. Die Mitarbeitenden überlegten also, was wohl ein großer Wunsch des Geläuterten sei, den man ihm zum Abschied erfüllen könne.

Auch wenn der jetzt folgende Teil nicht im engeren Sinne zur Erläuterung von Führungsverhalten beiträgt und vielleicht nicht in dieses Buch gehört, möchte ich Ihnen davon erzählen. Weil die Geschichte zeigt, was möglich ist. Und egal ob Sie Teammitglied oder Führungskraft sind: Mit weniger sollten Sie sich nicht zufriedengeben.

Ein Mitarbeiter wusste aus dem persönlichen Umfeld des Geläuterten, dass der es beeindruckend fand, wenn nach der Landung eines Flugzeuges Personen direkt auf dem Rollfeld mit einem Fahrzeug abgeholt wurden. Diese Fantasie stand in solch einem Widerspruch zu der Bescheidenheit des Geläuterten, dass es die richtige Idee für einen überraschenden und angemessenen Abschied schien.

Und so sah er aus, der Abschied: Der Geläuterte, natürlich bis zum letzten Tag hochengagiert, landete nach einem Inlandsflug auf dem Flughafen vor Ort. Als er das Flugzeug verließ, standen am Fuß der Rolltreppe zwei in Schwarz gekleidete Bodyguards, alias Führungskräfte, mit der für Leibwächter obligatorischen Sonnenbrille im Gesicht, und baten den Geläuterten zu der in der Nähe stehenden, ebenfalls schwarzen, (Stretch-)Limousine. Beim Verlassen des Flughafengeländes gesellten sich zwei weitere schwarze Limousinen dazu. Eine reihte sich vor und eine hinter der Stretchlimo mit dem Geläuterten ein. So formiert fuhr der Korso in Richtung Innenstadt. Wir befanden uns in einer Landeshauptstadt und es war ein bisschen was los auf den Straßen und daneben. An der ersten roten Ampel stieg aus allen drei Fahrzeugen das jeweils schwarzgekleidete und mit Sonnenbrille geschmückte Begleitpersonal aus, stellte sich neben die Fahrzeuge und nahm, rechte Hand ins Jackett geführt (an die imaginäre Waffe), die Umgebung scharf ins Auge. Als die Ampel umschaltete, sprangen die sechs in ihre Autos und weiter ging's. Dieses Schauspiel wiederholte sich an jeder der neun Ampeln, denn so viele waren es bis zum Ziel. Dort angekommen, an einem der bekanntesten Luxushotels in Deutschland, begrüßte den Geläuterten sein Konterfei von einem überlebensgroßen Banner an der Fassade, direkt über dem Haupteingang und bereits von Weitem sichtbar. Als der Geläuterte aus seiner Limousine ausstieg, führte ihn sein Weg durch ein Spalier dutzender Mitarbeitender. Die Bodyguards begleiteten ihn in sein Büro. Natürlich gab es am Abend noch eine Party. Auf der wurde ein selbst produzierter Film vorgestellt. Der Titel: »Die Zeit danach ...« Ein Stummfilm. Zwanzig Minuten in Schwarz-Weiß, mit Klavierspiel untermalt. Zwölf Mitarbeitende spielten darin alle denkbaren Horrorszenarien in einem Hotel nach, aus der imaginierten Zeit nach dem Geläuterten. Und da schloss er sich, der Kreis aus Angst und Vertrauen, Distanz und Nähe, Raupe und Schmetterling: All diese gespielten Szenen zeigten die ehemaligen Befürchtungen des Geläuterten und es waren die Mitarbeitenden, die ihm mit diesem Film dokumentierten: Wir haben verstanden. Und wir können es. Auch ohne dich.

Warum ich Ihnen das erzähle? Weil ich möchte, dass Sie wissen, was möglich ist. Im Arbeitsalltag. In unserer Zeit. Mitten in Deutschland. Kein Hollywood, nur das Echo auf eine gute Arbeit als Führungskraft. Und wie schon angeführt: Mit weniger sollte sich niemand zufriedengeben. Wirklich niemand.

Fazit

1. Menschen können sich verändern. Führungskräfte auch.
2. Das Unternehmen ist so gut wie seine Führung.
3. Führung ist Haltung und Handwerk.

Der Geläuterte ist sich immer treu geblieben, im Inneren. Er hat lediglich die Schnittstelle zur Außenwelt verändert. Nichts anderes ist Verhalten, unser Interface zur Welt. Und das hat er geradezu neu programmiert.

Das, was ihn als Mensch ausmachte und als Führungskraft sein Verhalten prägte, könnte man auf den ersten Blick betrachtet ›preußische Tugenden‹ nennen: Pünktlichkeit, Ordnung und Fleiß. Dies sind tatsächlich notwendige Anforderungen an eine erfolgreiche Führungskraft, aber keine hinreichenden.

Pünktlichkeit & Co. sind nur die Oberfläche. Losgelöst vom historischen und gesellschaftlichen Kontext und von möglicher Kritik daran steckt hinter den sogenannten preußischen Tugenden ein Leitmotiv: das der werteorientierten Führung.

Und mit dieser eine hinreichende Bedingung für ein erfolgreiches Wirken als Führungskraft. Der Geläuterte kannte zum Beispiel auch aufgrund seiner christlich geprägten Überzeugungen den Wert ›Vertrauen‹. Dachte aber, der gehöre, wenn überhaupt, nur in sehr begrenztem Maße in ein Unternehmen. Er hätte Vertrauen nie zum Prinzip von Arbeit gemacht. Stattdessen hatte er andere Vorstellungen von der Arbeitswelt übernommen, davon, wie mit Mitarbeitenden umzugehen sei und wie Führungskräfte sich zu verhalten hätten. Erst als er anfing, diese übernommenen Muster durch Prinzipien zu ersetzen, die seinen Leitmotiven entsprachen, wie zum Beispiel Vertrauen statt Misstrauen, begann er, Inneres und Äußeres zu synchronisieren. Diese Einigkeit in sich selbst zieht Eindeutigkeit im Handeln nach sich, macht berechenbar und verlässlich. Das ist wie Humus für gute Arbeit, auf dem alles und alle wachsen können.

Deswegen sind es gerade oft und besonders die Geläuterten, die den Unterschied machen, weil sie ihn selbst kennen.

Typische Verhaltensmuster und Sprachbeispiele

Feedbackverhalten

Der Geläuterte tendiert aus alter Gewohnheit zu einem schnellen »Nein« oder einem spontanen »Das geht so nicht«. Helfen Sie sich und ihm und übersetzen Sie dieses Feedback in ein »Jetzt nicht!«. Und treten Sie zu einem anderen, günstigeren Zeitpunkt erneut an. Oder fragen Sie: »Okay. Verstanden. Wie müsste es sein, dass es aus Ihrer Sicht funktioniert?« Vier von fünf Geläuterten entspannen sich dann, lehnen sich möglicherweise im Stuhl zurück, verschränken die Hände hinter dem Kopf (so tat es der hier vorgestellte Geläuterte) und sagen: »Gute Frage, lassen Sie uns darüber reden.« Jetzt haben Sie Gelegenheit, alle Ihre guten Argumente anzubringen.

Kommunikationsverhalten

Ebenso aus alter Gewohnheit kommuniziert der Geläuterte Dinge mit einem Tonfall oder auf eine Art, dass sie sich wie ein Befehl oder zumindest ein Auftrag anhören, der umgehend umzusetzen sei. Nach einem Gespräch oder einer E-Mail des Geläuterten beginnen daher überzufällig viele Menschen damit, ihre Aufgaben neu zu priorisieren, denn irgendwie muss ja dieser neue Auftrag noch Platz finden. Das wirft in der Folge nicht nur die eigene Planung über den Haufen, sondern gegebenenfalls auch Absprachen mit anderen. Hier lohnt sich immer die Frage »Bis wann?«. Und sollte es tatsächlich »Sofort« heißen, aber für »Sofort« keine Zeit sein, dann ist es Zeit für den tiefen Blick in die Augen und ein »Ich takte es ein und sage Ihnen im Laufe des Tages, bis wann es machbar ist« oder je nach Sachverhalt auch für die Frage: »Sie haben recht, das Thema ist wichtig. Was macht es so dringend für Sie?«

Arbeitsverhalten

Die Ausprägungen des Arbeitsverhaltens sind so unterschiedlich wie die Geläuterten selbst: von ›preußisch‹ über agil bis chaotisch.

Persönliches Verhalten

Der Geläuterte ist ein ›trockener Ungeläuterter‹. Es gibt Reize und Konstellationen, die ihn noch in Versuchung führen. In solchen Momenten droht er in alte Verhaltensmuster zurückzufallen. Tun Sie in solchen Momenten, was Sie von ihm wünschen: Vertrauen Sie!
Sie haben nichts zu verlieren. Erweist sich der Geläuterte in einem seltenen Fall doch als rückfällig Gewordener, dann gehen Sie und suchen Sie sich den Chef und das Umfeld, die Sie verdienen. Er ist nur Ihr Chef!

Ein typischer Dialog zu einem x-beliebigen Thema

Der Mitarbeiter: »Ich schlage vor, wir machen das so und so …«
Der Geläuterte: »Nein.«
Der Mitarbeiter: »Wie?«
Der Geläuterte: »Nein. Nächster Punkt.«
Zwei Wochen später:

Der Mitarbeiter: »Ich habe eine Idee, die ich Ihnen vorstellen möchte. Neugierig?«

Der Geläuterte: »Ja, legen Sie los.«

Der Mitarbeiter: »Also …«

Fünfzehn Minuten später, nachdem der Mitarbeiter seine Idee vorgestellt und der Geläuterte ca. 37 Rückfragen gestellt hat:

Der Geläuterte: »Ja. Noch mal kurz mit dem Kollegen X über den Aspekt Y sprechen. Und dann machen.«

Was könnte der Geläuterte reflektieren?

Der Ton macht die Musik. Eine Firma ist kein Pony-, aber auch kein Kasernenhof. Weich im Ton und hart in der Sache ist kein Widerspruch. Etwas freundlich zu formulieren und zu intonieren ist kein Zeichen von Schwäche, mag nur etwas anstrengend sein. Am Anfang. Bis es zur guten Gewohnheit geworden ist.

Mitarbeitende müssen keine Heldinnen und Helden sein. Gut, wenn der Geläuterte Mitarbeitende hat, die ihm im Falle eines drohenden Rückfalls ›die Flasche wegnehmen‹. Das fordert von Mitarbeitenden extrem viel Courage und noch mehr Energie. Dafür wird niemand bezahlt. Das sollte der Geläuterte nicht von seinen Mitarbeitenden verlangen, und wenn, dann nur, falls es um mehr als nur um ihn selbst geht.

Tipps an die Mitarbeitenden eines Geläuterten

Siehe oben bei »Typische Verhaltensmuster und Sprachbeispiele«.

Die Geläuterten sind ein Segen für sich selbst und alle, die mit ihnen arbeiten, weil sie ein Beispiel geben für das, was möglich ist. Schauen Sie genau hin, machen Sie mit und genießen Sie!

Schlusswort

In unseren zwanzig Geschichten haben wir Ihnen ein Spektrum der Unglaublichkeiten vorgestellt, wie es in Unternehmen täglich erlebbar ist und wohl auch weiterhin erlebbar sein wird. Am Ende stellt sich die Frage nach der Quintessenz und nach dem ›Was nun?‹. Sind Sie in der Rolle des Mitarbeitenden? Und haben Sie Verhaltensweisen Ihres Chefs in einer der Geschichten wiedererkannt? Dann probieren Sie unsere Tipps aus. Manche nennen das ›Führen nach oben‹. Und ein allerletzter Hinweis: Ziehen Sie sich nicht jeden Schuh an, der Ihnen vor die Füße geworfen wird. Dieser Wahnsinn ist nicht Ihre Schuld. Lassen Sie das Problem da, wo es hingehört: bei ihrem Chef.

Sind Sie Führungskraft und haben sich vielleicht an der einen oder anderen Stelle selbst ertappt? Dann arbeiten Sie an sich. Gerne mit unseren Hinweisen. Ihre Mitarbeitenden verdienen die beste Version ›Chef‹, die Sie sein können. Und sie werden es Ihnen danken.

Gerda Grebmov und Paul Bögeholz, im Sommer 2022